スラブ・ユーラシア叢書

日本の中央アジア外交
―― 試される地域戦略

宇山智彦　クリストファー・レン　廣瀬徹也［編著］

北海道大学出版会

序

　日本は外交が下手だとよく言われる。いわく，外国(特に米国)の言いなりで自己主張が弱い，あるいは主張のしかたが硬直的で駆け引きができない，PR が下手である，戦略がない，情報収集能力が弱い，等々。

　これらの見方にはそれぞれ根拠があるだろう。ただし気をつける必要があるのは，こうした批判が念頭に置いているのは多くの場合，近隣諸国や米国に対する日本の外交の問題点だということである。日本とこれらの国の関係には，第二次世界大戦前・戦中や冷戦期の事情が，深く絡みついている。日本に侵略された歴史を持つ中国・韓国，戦後長い間日本に絶大な影響力をふるってきた米国，冷戦期の「仮想敵国」であったソ連の継承国であり領土問題も絡むロシアとの関係を，対等かつ友好的なものとして建て直すのは，客観的に見て簡単なことではない。

　そう考えるなら，日本の外交手腕がより自由な形で試されるのは，冷戦期やそれ以前の時代の遺産に縛られない国々との関係ということになろう。その格好の事例が，ソ連崩壊に伴って独立した国々である。これらの国は，国内の体制においてはソ連の遺産を少なからず引きずっているものの，外交面では新興独立国としての気概に燃えて新たな路線を追求してきた国々であり，日本に対しても旧「敵国」としての意識はほとんどない。そしてこれら旧ソ連地域の新独立諸国の中でも，とりわけ日本が熱心に関与してきたのは，中央アジア諸国(ウズベキスタン，カザフスタン，タジキスタン，クルグズスタン[1]，トルクメニスタン)である。そこで本書は，日本が中央アジア諸国に対して展開してきた外交を分析することを通して，日本の「外交力」を検証し，今後の可能性を考えることを課題とする。

もちろんここで問われるのは，単なる外交術の巧拙ではない。米国や多国籍企業を中心とする「帝国」的権力が世界を覆うのか，それとも米国だけでなく EU や，ロシア，中国，インドなどの地域大国が大きな発言力を持つ多極的世界が形成されるのかが不分明な状態の中で，日本の持つ経済力が米国の世界戦略の道具となるのか，それとも日本が地域大国として独自の大きな役割を果たすのか，あるいは諸大国の谷間に埋没していくのかは，世界秩序の今後のあり方を左右しうる。中央アジアは諸大国の関心が交差する地域であると同時に，大規模なテロや核拡散などの脅威の源ではないという意味で落ち着いた外交を展開できる場所であり，日本がここでどのような地位を占めるのかは，今後の世界で日本が果たしうる役割を知るための試金石となる。

　本書のベースとなったのは，2007 年 9 月 22 日に東京大学山上会館で開かれた国際ワークショップ「日本のシルクロード外交」での諸報告である。このワークショップは，米国とスウェーデンに拠点を置く国際研究機関である中央アジア・コーカサス研究所／シルクロード研究プログラム (CACI & SRSP)[2] と，北海道大学スラブ研究センター，および人間文化研究機構プログラム・イスラーム地域研究東京大学拠点の共催で開かれた。発案者は CACI & SRSP に属する研究者のクリストファー・レンである。これまで，中央アジアに対する諸外国の外交の比較や，中央アジアの中の一国と日本との関係といったテーマの中で日本の中央アジア外交を論じる国際会議は何度か開かれてきたが[3]，日本の中央アジア外交の全体像を，国内外の研究者・実務家を集めた席で本格的に議論したのは，おそらく世界初の試みである。

　2007 年は，日本の「ユーラシア外交」ないし「シルクロード外交」の開始 10 周年という記念すべき年であった。1997 年 7 月，当時の橋本龍太郎首相は，ロシアと中国，中央アジア・コーカサス諸国を包含するユーラシア外交という概念を，日本の外交政策の柱の一つとして導入し，これらの国々の繁栄と安定に積極的な役割を果たしていく決意を表明した。その後の日ロ関係・日中関係の波乱に満ちた展開については，既にさまざまな分析がなされているが，橋本首相の演説の中で「シルクロード地域」と呼ばれた中央アジ

ア・コーカサス諸国に対する日本の取り組みについては，専門家以外には十分知られているとは言えない。このワークショップおよび本書が着目するのは，ユーラシア外交の中でもまさにこの部分である[4]。

1997年まで，中央アジア諸国はソ連崩壊の衝撃に対処しながら新たな政治・経済体制の構築を進め，外交面でも新しいパートナーを求めてさまざまな路線を試行していた。日本を含む域外国も，中央アジアへの関与のあり方を手探りしていた。1997年以降は，中央アジアをめぐる国際関係において次のような大きな変化があった[5]。

(1) 中央アジアに長い間安全保障上の懸念をもたらしていたアフガニスタン情勢は，2001年の9.11事件後，米軍の空爆によるタリバン政権崩壊で大きく構図を変え，いまだ不安定ではあるが復興の途上にある。アフガニスタンでの作戦に関連して中央アジアでも米国の軍事プレゼンスが一時高まったが，2005年にウズベキスタンが米軍を撤退させ，2009年にはクルグズスタンも米軍基地閉鎖を決めるなど，米国の勢力はやや退潮している。

(2) ロシアの影響力の再拡大と中国の進出が目立っている。中国とロシアは2001年に中央アジアの4カ国とともに上海協力機構（SCO）を結成し，両国個別の取り組みとあわせて，中央アジアへの政治・経済・安全保障上の関与を深めている。

(3) そうしたなかで日本も，2004年8月に「中央アジア＋日本」対話という新しい枠組みを立ち上げ，中央アジアへの関与をステップアップさせている。

他方中央アジア現地では，1999〜2000年にウズベキスタンとその周辺で頻発したテロ・ゲリラ事件や，2005年3月のクルグズスタンでの政変（いわゆるチューリップ革命）と，同年5月のウズベキスタンでのアンディジャン事件[6]など，時に混乱が見られるが，基本的には，1997年に内戦を終結させたタジキスタンがほぼ順調に復興の道を歩み，またロシアとカザフスタンの石油景気が他の諸国の経済にも肯定的な影響を与えるなど，明るい傾向も見えている。

本書は，こうした状況の変化を踏まえながら，過去15年余りの日本の中央アジア外交を論じるものであり，3部10章から成る。第1部は，中央アジア外交の全体的な流れや理念を論じる。第1章の廣瀬論文では，外務省新独立国家室の初代室長を務めた執筆者が，自身の経験を織り込みながら，1990年代初め以来の日本の対中央アジア政策の流れをまとめ，日本の各界が力をあわせ広域的な視点から中央アジアとの対話・協力を進めていくことを提言する。第2章の河東論文では，「中央アジア＋日本」対話の構想作りに関わった執筆者が，日本の対中央アジア政策のさまざまな時点での変化とその理由をまとめ，関係者の議論を紹介する。第3章のレン論文は，日本の中央アジア外交の歩みを3つの時期に区分し，日本外交を地政学の視点ではなく開発戦略の視点から理解すべきことを説く。

　これら3つの章はいずれも概論的な性格を持つが，要人往来や援助・投資案件の情報を具体的にまとめた廣瀬論文，中央アジア各国に対する日本側の見方の違いや政策決定の際の関係者の発想法を生き生きと描く河東論文，日本外交を理解する枠組みの転換を提唱するレン論文を併せ読むことによって，日本の中央アジア外交を多角的に理解できるようになっている。つづく第4章の湯浅論文は，2006年に提唱されながら短命に終わった「自由と繁栄の弧」構想の背景と実践のあり方に焦点を絞り，「普遍的価値」を掲げた外交が中央アジアを含むユーラシアで持ちうる意味を考察する。「弧」構想がNATO（北大西洋条約機構）との連携を念頭に着想されたという指摘は，日本外交における軍事的ハードパワーの位置づけに目を向けさせるものである。

　第2部は，日本の中央アジア外交を理論的・歴史的・広域的視点から論じる。第5章の宇山論文は，アジアと米国に対する日本人の愛憎併存という歴史的文脈に中央アジア外交を乗せ，「親日国」作りという枠を越えて独自外交を追求するために，中央アジアを「拡大東アジア」「東部ユーラシア」に位置づける地政学的発想に基づく外交を提唱する。第6章のダダバエフ論文は，国際関係論の理論の一つである機能主義の観点から，中央アジアの域内協力とそれへの日本の貢献のあり方を論じ，聞き取り調査や世論調査をもとに日本の支援の効果を検証する。第7章の岩下論文は，他の章でも多く言及

されている上海協力機構に焦点を当て，しばしば反米組織と誤解される同機構が本来国境問題の解決と地域協力のための機構であることを強調し，日本が中ロと米国の間で仲介役を果たしうると述べる。

第3部は，経済協力・支援やエネルギー開発という実践的な問題に焦点を当てる。第8章のマラト論文は，日本のクルグズスタンに対する政策を欧米や上海協力機構のそれと比較し，日本の支援が持つ意義と限界を指摘する。第9章の嶋尾論文は，日本のエネルギー政策全般を概観したうえで，西アジア・中央アジアに対するエネルギー戦略を詳述する。第10章のスワンストローム論文は，中央アジア域内の経済協力がいまだに進んでいないことを指摘し，中国・日本・韓国が中央アジアに対して持ちうる経済的インパクトと，現地の人々の否定的態度を招かないよう注意すべき点を論じる。

本書の執筆陣のうち，CACI & SRSP の研究者たちは日本外交を専門としているわけではないが，それだけに彼らの見方は日本人にとって新鮮である。例えばスワンストロームが日本と中国・韓国を北東アジア諸国としてまとめたうえで中央アジアとの関係を論じているのは，北東アジアを純粋に域内協力の枠組みとして扱い，域外との関係は各国別々に取り結ぶのが当然と考えるのに慣れている日本人には，多少不思議に映るかもしれないが，域外諸国からは日本はまさに北東アジア・東アジアの一員として見られているのだということは，銘記しておいてよい。

日本人執筆者は元外交官と研究者に分かれ，日本外交の現場との関わり方や距離のとり方はさまざまである。しかし共通して言えるのは，日本政府の単なる代弁や一方的な批判に終わるのではなく，自由でバランスのとれた分析と提言を行っているということである。日本の地域研究・外国研究については，政策科学としての自覚が薄いという批判がしばしばなされ，また一部の研究者については逆に政府にすり寄り過ぎだという批判がなされる時があるが，本書は，研究者と実務家がそれぞれの知見・経験を活かしつつ，自分の立場に過度にとらわれずに実践的な問題について議論するあり方の一つを提示したものと自負している。

本書の刊行が予定よりも遅れ，ワークショップから1年半を経過してしまったのは編者たちの責任であり，執筆者および読者各位の寛恕を請いたい。この間，原稿は幾度にもわたり改訂されたが[7]，それでも全面的な書き直しの必要が生じなかったのは，日本の中央アジア外交が安定期に入っていることを示していよう。本書が日本と中央アジア諸国の関係の発展にいささかなりと役立つことができれば，執筆陣にとってそれに勝る喜びはない。

　なお，ワークショップの報告集の英語版は，CACI & SRSP からインターネット上および冊子体で刊行されている[8]。本書のうち日本人およびダダバエフが執筆した章は，英語版とほぼ同内容ではあるが単なる翻訳ではなく，各執筆者が日本の読者向けに書き下ろしたものである。レン，マラト，スワンストロームの論文は，執筆者の承諾の下で英語から翻訳された。英語版の主編者であるレンが各原稿に対して施した改善は，日本語版の編集のためにも有益であった。

　ワークショップの開催にあたって援助を惜しまれなかった小松久男・東京大学教授をはじめとする東京大学・北海道大学の関係者の皆さん，およびワークショップで貴重なコメントをしてくださった田村桂介氏（外務省中央アジア・コーカサス室首席事務官[9]）と杉本侃氏（欧亜総合研究所）に，心から感謝を申し上げたい。また，本書は科学研究費基盤研究A「ユーラシア秩序の新形成」の成果の一部であり，本書にも寄稿している研究代表者・岩下明裕氏から多大な援助を受けたことを付記しておく。

編者一同

注

1）この国の正式名称は，独立当時「クルグズスタン共和国 Кыргызстан Республикасы」であったものが，1993年5月に「クルグズ共和国 Кыргыз Республикасы」に変えられたが，この場合の「クルグズ」は修飾辞であるため，「共和国」をつけない場合は「クルグズスタン」となる。なお，日本外務省が採用する表記は「キルギス」「キルギス共和国」であるが，本書ではクルグズ語およびロシア語・英語での国際的表記との一貫性に鑑み「クルグズスタン」「クルグズ共和国」で統一し，各章での初出の際に「キルギス」も併記する。

2）米国ではジョンズ・ホプキンズ大学高等国際問題研究院，スウェーデンでは安全保

障開発政策研究所に所属している。
3) それらの成果として，例えば以下のものがある。Robert Legvold, ed., *Thinking Strategically: The Major Powers, Kazakhstan, and the Central Asian Nexus* (Cambridge, MA: American Academy of Arts and Sciences, 2003); *Tsentral'naia Aziia v XXI veke: sotrudnichestvo, partnerstvo i dialog: Materialy mezhdunarodnoi konferentsii* (Tashkent: Shark, 2004);『第3回国際ワークショップ報告　中央アジアにおける日独協力：新たなシルクロード再興に向けて』総合研究開発機構，2006年；*Kruglyi stol: Kazakhstansko-iaponskoe sotrudnichestvo: sostoianie i perspektivy* (Almaty: KISI pri Prezidente RK, 2007).
4) ただし本書は，「シルクロード地域」の中でも中央アジアに焦点を絞っている。日本のコーカサス外交の分析は，他日を期したい。
5) 2003年までの中央アジアの国際関係の概観として以下を参照。湯浅剛「国際関係と安全保障：地域国際システムの形成と越境する脅威」岩﨑一郎，宇山智彦，小松久男編著『現代中央アジア論：変貌する政治・経済の深層』日本評論社，2004年，129-151頁。
6) フェルガナ盆地東部のアンディジャンで，イスラーム主義者を含む集会を治安部隊が鎮圧した際に多数の市民が死傷した事件。河東論文(本書第2章)参照。
7) なお，各章の注に示したウェブサイトのURLは，閲覧日を特記したもの以外，2008年10月7日現在有効である。
8) Christopher Len, Uyama Tomohiko, and Hirose Tetsuya, eds., *Japan's Silk Road Diplomacy: Paving the Road Ahead* (Washington, D.C. and Uppsala: Central Asia-Caucasus Institute & Silk Road Studies Program, 2008)〈http://www.isdp.eu/files/publications/books/08/cl08japansilk.pdf〉.
9) 以下，本書で示す肩書はすべて当時のものである。

目　次

序

第1部　中央アジア外交の理念

第1章　対中央アジア外交の概観
　　　　──実務レベルでの政策立案者の視点から ……………………廣　瀬　徹　也…… 3

1　1990年代半ば当時の日本の対中央アジア外交政策　　3
　(1)　新たな地平線──日本の対NIS外交の開始　　3
　(2)　日本の戦略と政策　　5
　(3)　大統領の訪日と二国間関係　　8

2　「シルクロード外交」提唱以来の中央アジア諸国と日本の関係　　9
　(1)　関係の進展　　10
　(2)　日本の中央アジア諸国支援　　11
　　a．二国間ODA　　11
　　b．国際機関を通じた支援　　12
　　c．カザフスタンへの非核化協力　　13
　(3)　エネルギー資源開発とパイプライン建設への日本の投融資　　14
　　a．投　資　　14
　　b．日本国際協力銀行の融資　　14

3　結論と提言　　14
　(1)　政治対話と地域内協力への協力　　14
　(2)　Ｏ　Ｄ　Ａ　　17
　(3)　「地域」を「広域」から見る　　17
　　a．アフガニスタン　　18
　　b．上海協力機構(SCO)　　18

　　　　c. 広域経済統合の可能性　19
　　(4)　日本と中央アジア諸国関係における経済の側面　19
　　(5)　日本流ソフトパワーを
　　　　──日本と中央アジア諸国関係における広報・文化の側面　20
　　(6)　地域情勢に関する情報の収集と対中央ユーラシア戦略の策定　20

第2章　対中央アジア政策の推移
　　　　──シルクロード外交から「中央アジア＋日本」へ………河東哲夫……23

1　中央アジアにおける日本の外交──その初期　23
2　「シルクロード外交」　26
3　日本のODA　27
4　9.11事件以後および「中央アジア＋日本」の開始　28
5　アンディジャン事件と中央アジア政治情勢の変化　31
6　「グレート・ゲーム」の再来なのか？　33
7　小泉総理の中央アジア訪問　35
8　麻生外相の「自由と繁栄の弧」構想　36
9　中央アジアの独立，安全，発展の強化に向けて　37

第3章　日本の中央アジアに対する関与をどう理解するか
　　　　──開発戦略の再評価……………………………クリストファー・レン……39

1　日本の中央アジア外交の概観　40
　　(1)　第1段階：1992〜1997年　41
　　(2)　第2段階：1997〜2004年──橋本首相のシルクロード外交　43
　　(3)　第3段階：2004年〜現在
　　　　──「中央アジア＋日本」イニシアティヴと「自由と繁栄の弧」　44
　　　　a.「中央アジア＋日本」　46
　　　　b. 小泉首相の中央アジア訪問と「自由と繁栄の弧」　47
2　日本の外交的取り組みを理解する　48
　　(1)　日本をロシアおよび中国と比較する　48
　　(2)　見過ごされてきた日本の開発戦略　49

結　論　50

第4章　ユーラシアへの「価値の外交」は定着するか
　　　　——「自由と繁栄の弧」構想とその後 …………………湯浅　剛……55

1　構想の形成　56
2　構想の実践　60
　（1）新しい戦略的パートナーシップの追求　60
　（2）ODAと多国間対話　62
3　構想の断絶と継承　65
　（1）政権交代に翻弄された構想　65
　（2）「弧」をめぐる環境の変化　66
お わ り に　68

第2部　歴史・理論・地政学

第5章　対中央アジア外交の歴史的文脈と展望
　　　　——アジア主義と日米関係のはざまで …………………宇山智彦……77

1　戦前日本のアジア主義と日米関係　78
2　戦後日本の対米依存と独自外交の模索　79
3　1990年代の日本の中央アジア外交に見る「アジア」観　81
4　21世紀の新しい動き
　　——「中央アジア＋日本」対話と「自由と繁栄の弧」構想　85
お わ り に——開かれたアジア主義に基づく新・地政学外交の提唱　89

第6章　対中央アジア協力の現状と課題
　　　　——機能主義の観点から ………………ティムール・ダダバエフ……97

1　国際協力の理論と実践　98
2　中央アジアにおける域内協力と機能主義　101
3　日本の中央アジア政策と協力領域　102
4　これまでの日本による支援とその効果　104
5　中央アジア諸国の指導者と一般国民の日本に対する期待　108
結　　論　109

第7章　上海協力機構
　　　　──「反米」ゲームの誘惑に抗して ……………………岩下明裕……115

1　「誤解」され続ける上海協力機構　115
2　機構を正しく位置づけよ　118
3　「上海」の精神と発展　121
4　機構の地域協力にとっての序章──中ロ国境問題の解決　122
5　中央アジアの国境に対する貢献　124
6　機構を取り巻くバランス・ゲーム　126
7　原点に立ち戻るとき　129

第3部　経済協力と支援

第8章　クルグズスタンは中央アジアにおける
　　　　日本の最重要パートナーか？ ………………エリカ・マラト……135

1　クルグズスタンの発展における日本の役割　136
　(1)　クルグズスタンにおける日本の活動　137
　(2)　上海協力機構(SCO)との比較　139
　(3)　クルグズスタンにおける日本センター　140
2　日本と他の国際アクター　143
3　将来の見通し　145

第9章　現代グローバル化の下での日本のエネルギー戦略
　　　　──西アジア・中央アジアの場合 ……………………嶋尾孔仁子……149

1　グローバルなエネルギー情勢と日本のエネルギー戦略の概要　150
2　日本の対西・中央アジアエネルギー戦略　154
　(1)　西・中央アジア諸国からの日本の原油輸入　154
　(2)　西・中央アジアにおける日本企業参加プロジェクト　156
　(3)　日本と西・中央アジア諸国との関係　157
　　a．日本と中東諸国の関係　158
　　b．日本と中央アジア・コーカサス諸国の関係　159
　　c．日本と西・中央アジア諸国の関係における問題点　160

結　論　161

第10章　中央アジア地域の経済協力と紛争管理
　　　——北東アジア諸国の役割 ………ニクラス・スワンストローム…… 167

1　地域機構の役割　168
2　中央アジアの文脈　169
　(1)　経済的機会とインフラの改善　169
　(2)　外部プレーヤーの役割　171
　(3)　国家建設の課題　173
3　中央アジアにおけるアクターとしての北東アジア諸国　173
結論と提言　177

結　語 …………………………………………………………………… 181

日本・中央アジア関係年表　189
索　引　193
執筆者紹介　197

第1部
中央アジア外交の理念

第1章　対中央アジア外交の概観
　　　──実務レベルでの政策立案者の視点から

廣　瀬　徹　也

　1992年に日本と中央アジア諸国の外交関係が樹立されて17年，その間日本は独自の外交を積極的に進めてきた。筆者は1993年4月より2002年7月外務省を退官するまで，新独立国家(NIS)[1]室長，在ウラジオストク総領事，駐アゼルバイジャン大使(グルジアも兼任)としてロシア・NIS諸国と日本の外交関係促進の任務に携わってきた。

　本章の第1節では，1990年代半ば当時のNIS諸国，特に中央アジアに対する日本の外交政策について，当時実務レベルで政策の立案と実施に当たった筆者の経験に基づいて記述し[2]，第2節では1997年7月の橋本龍太郎総理大臣による「シルクロード外交」提唱以来の中央アジア諸国と日本の関係につき，日本の支援とエネルギー分野への投資の実績の概要に重点を置いて概観する。第3節では，今後日本の対中央アジア外交はいかにあるべきかについての筆者の考えを述べたい。

1　1990年代半ば当時の日本の対中央アジア外交政策

(1)　新たな地平線──日本の対NIS外交の開始

　日本の対中央アジア外交は，対NIS諸国外交の一環として始められた。欧州部のウクライナ，ベラルーシ，モルドヴァや南コーカサス3国も旧ソ連

体制の温存など多くの面で中央アジアと共通の課題を抱えていたため，下記の外交方針はこれら諸国にもおおむね当てはまるものであった。

　1991年12月28日，日本政府はNISの国々を国家承認し（グルジアのみ1992年4月），翌1992年1月から9月にかけて外交関係を樹立した。同年4月から5月にかけて渡辺美智雄副総理兼外務大臣がカザフスタンとクルグズスタン（キルギス）を訪問した。

　日本外務省は，外交実施体制として，1993年1月に中央アジアの中で人口の多いカザフスタンとウズベキスタン，欧州部のウクライナ，ベラルーシに大使館を開設した（ベラルーシは臨時代理大使が駐在，他の3カ国では本任大使が駐在した）。本省では同年4月1日，欧亜局内に新独立国家11カ国との関係を担当する「新独立国家（NIS）室」[3]が設けられた。筆者は，その初代室長に任命され，1996年1月までその任にあった。

　下記に述べるような戦略を立てたが，当時NIS諸国に関する情報は少なく，また先方政府も外交には不慣れなため，対NIS外交は言わば「走りながら考える」というのが実態であった。NIS諸国の独立後次々と大使館を設置しえたロシア，米国，中国と違って，外務省の厳しい行政予算と人員の不足で，すべてのNIS諸国に一挙に大使館を開設することはできなかった。本省，大使館とも政策の立案・実施に当たるのはごく少数の人員であった。相手国との二国間友好関係の基礎の樹立は，初代の本任大使たる末沢昌二駐ウクライナ大使，松井啓駐カザフスタン大使，孫埼享駐ウズベキスタン大使，館山彰駐ベラルーシ臨時代理大使や一握りの大使館員，および日本企業の駐在員や現地の関係者の個人的努力によるところが大きい。在カザフスタン大使館専門調査員を務めた宇山智彦教授もその少数の1人であった。

　そういう意味では日本の対NIS外交はやや準備不足で始められた。他方，ロシアを含むNIS諸国に対する人道支援・技術支援のための予算は別途計上されており，「NIS支援室」が人道支援・技術支援業務を行った。技術支援の一環としてロシアやクルグズスタンに，日本の技術協力のベースとして，人材育成を目的とする「日本センター」を設立して，その地域の若い専門家たちに行政・経済改革のための研修コースを開いた。また別の部局の担当す

るロシア，ウクライナ，ベラルーシ，カザフスタンに対する非核化支援も開始された。

　かくして対 NIS 外交は徐々に本格化していった。NIS 諸国との二国間関係を律する法的側面では，原則として日・ソ連間の諸条約・協定のうち，当該国にそぐわないものを除き，継承する原則をとったが，各国別の交渉には時間を要した。一方東京にはウクライナ(1994 年 9 月)，ベラルーシ(1995 年 7 月)，ウズベキスタンとカザフスタン(いずれも 1996 年 2 月)が大使館を開設した。

(2)　日本の戦略と政策

　そのような対 NIS 外交の中で，我々は中央アジアについては次の特徴に着目した。

- (ⅰ) 地政学的重要性：この地域の平和と安定はユーラシア全体の平和と安定に不可欠である。
- (ⅱ) 経済面での大きな潜在性：豊かな天然資源を持ち，総人口 5000 万，識字率 90％以上という人的資源に恵まれている。
- (ⅲ) ミクロコスモス的特性：人類の文明を考えるうえでも価値がある地域である。

　1997 年 7 月に「対シルクロード地域外交」を発表して以降は，地政学的，経済的な重要性に加えて，上記(ⅲ)に代わって「日本との歴史的，文化的な紐帯を有する」ことが日本政府が中央アジアに積極的な関心を追求している第 3 の理由に挙げられた。最近ではもっぱら地政学的，経済的な重要性が述べられている。

　戦略としては，NIS 諸国との長期的な信頼関係樹立を目的に，重層的に関係強化をはかることにした。具体的な政策としては，

- (イ) 政治対話と人的交流の促進
- (ロ) 地域諸国の国家建設，民主化と市場経済化に向けての自助努力に貢献するための人道支援と政府開発援助(ODA)の実施
- (ハ) 民間経済交流と協力の奨励

(二) 相互理解と文化交流の促進

に重点を置いた。

　政治対話促進の観点から，NIS 各国大統領の訪日招待を順次開始した。また NIS 諸国外交官招聘や青年招聘などさまざまなプログラムで人的交流を促進した。これら大統領の訪日と当該国と日本との二国間関係については後述する。

　日本政府は NIS 諸国に対し，1991 年から研修員受け入れや専門家派遣などの協力を開始しており，また，旧ソ連諸国に対する総額 2 億米ドルの緊急人道支援の一部として，医薬品，ワクチン等の供与を中心に人道支援を行ってきた。そして，中央アジア諸国が 1993 年 1 月に DAC 途上国リストに掲載されてから ODA を開始した[4]。

　1990 年代半ばのこの時期，中央アジアへの ODA は内陸国たるこれら諸国の実状にあわせ，運輸，通信等のインフラ整備のための円借款供与，人材の育成を中心とした技術協力，医療を中心とした無償資金協力に重点を置いた。また中央アジア諸国は既に欧州復興開発銀行(EBRD)に加盟していたが，日本政府のイニシアティヴでこれら諸国のアジア開発銀行(ADB)への加盟も実現し，両銀行から信用供与を得られることになった。

　中央アジア側は日本との協力を強く期待し，一方日本では，外務省のみならず，通商産業省(現・経済産業省)，大蔵省(現・財務省)をはじめとする政府関係機関，政界，企業，学界も中央アジアに対し関心を示し始めた。双方からミッションが派遣された。1993 年頃から中央アジア諸国との間で二国間合同経済委員会が設立された。日本側メンバーは民間企業，先方は政府主導であった。また，日本政府は主に国際交流基金を通じて日本語教育や文化交流に力を入れた。

　日本の政策は，西側諸国(米国および西欧諸国)のそれと比べ次のような特徴を有していたと言えよう。

　西側諸国がソ連時代から中央アジアのエネルギー資源に着目し，NIS 諸国の独立後産油国との関係強化を優先させていたのと対照的に，日本は非産油国も産油国と同様に重視する方針をとった。

レン論文(第3章)も指摘するとおり，日本でもカスピ海地域の石油・天然ガス資源の開発やパイプラインの建設に参加する希望はあった。1993年以来三菱商事と中国石油天然ガス集団公司(CNPC)が，のちにはエクソンも加わって，トルクメニスタンから中国向けのパイプラインのフィージビリティー・スタディー(実行可能性調査)を行った。また通産省・資源エネルギー庁は石油公団(JNOC)を通して1994年頃から，カスピ海周辺諸国との関係構築を進めていた。石油公団は1994年にカザフスタン政府との間で地質構造調査協力に合意した[5]。しかし，当時の中央アジアや新疆ウイグル自治区の政情不安，我が国の経済不況，日本企業の用心深さ，石油会社の能力等もあり，パイプライン建設の実現には相当の困難が予想され，結局この計画は棚上げされた。

　したがって，総合的な外交政策立案の観点からは当時の日本にとって，エネルギー資源の獲得よりも長期的な信頼友好関係樹立が最重要と判断された。端的に言えば，日本にとってはいかなる大国の覇権下にもない独立し安定した中央アジアの実現が最大の国益だったのである。

　日本も欧米諸国もNIS諸国の民主化・市場経済化を促進するという共通の目標を持っていた。しかしNIS諸国の中でも特に安定志向が強く権威に弱い中央アジアの民衆が求めるのは，まずは民主化よりも生活の安定である。そのような状況では「欧米スタンダード」の短兵急なおしつけは必ずしも効を奏さないことは明らかである。我々は，民主化は国造りや安定の実現とバランスをとりつつ徐々に浸透させるべきものであると考え，そのような観点から人材の育成に重点を置いた。

　経済改革の面でも，欧米諸国が短期間での市場経済化と同時に金融・財政の強い引き締めをはかるいわゆるIMF・アングロサクソン方式をおしつけようとしたのに対し，日本は市場経済において政府が大きな役割を果たす，いわゆる日本・東アジアモデルを選択肢の一つとして提示することを進めた。日本から専門家を派遣し，経済や経営関連講座を開講し，日本自身の体験を伝えた。中央アジアでは市場経済化を進めるにあたり，独立後の初期の段階では，政府主導の産業管理システムなど「漸進主義」(市場経済への段階的移

行）による改革を行ったウズベキスタンやトルクメニスタンのほうが，急進的な体制転換プロセスをとったカザフスタンやクルグズスタン，内戦下のタジキスタンよりも，ソ連経済システムの崩壊によるショックに起因する生産低下をより効果的に抑制することができた。

　このように，日本の対中央アジア外交政策は欧米のそれとは一線を画しており，日本の中央アジア進出のねらいはもっぱらエネルギー資源であるとの見方や，日本は米国に後追いで 1997 年頃からようやく中央アジア・コーカサス政策を開始したとの議論は，誤認または誇張である。

(3) 大統領の訪日と二国間関係

　当時クルグズスタンのアスカル・アカエフ大統領は民主化の旗手でかつ親日的とみなされていたので，その改革への努力を奨励するために，1993 年 4 月 NIS 諸国の大統領として最初に訪日招待した。同年 NIS 諸国で最初の円借款を同国に供与し，また 1995 年には「日本センター」を，NIS 諸国ではロシア以外で最初にクルグズスタンに開設し，日本人専門家を大統領経済顧問として派遣した。こうして我が国の民主化支援重視の政策を明らかにした。

　アカエフ大統領の訪日に続き，筆者の NIS 室長としての任期中に 1994 年 4 月カザフスタンのヌルスルタン・ナザルバエフ大統領，同年 5 月ウズベキスタンのイスラム・カリモフ大統領，1995 年 3 月ウクライナのレオニード・クチマ大統領を訪日招待した。筆者は，毎回彼らの滞在中同行したが，大統領たちはそれぞれに，国家建設と市場経済化実現に向けての強い決意と中央アジアの人々に特有のユーモアのセンスで，日本の政財界のリーダーをひきつけた。

　筆者は山地遊牧民の末裔たるクルグズ人の純朴さ，草原の遊牧民の末裔たるカザフ人のおおらかさとスケジュールに対する柔軟性，定着農耕民・商業民ソグド人の末裔たるウズベク人の緻密さ，そしてウクライナ人の正確な文章表現へのこだわりと反ロ感情の強さなど，彼らの国民性と国民感情の多様性に驚かされ，魅了された。しかし彼らに共通していたのは，大統領は絶対君主であり，随員は閣僚といえども一「臣下」に過ぎないこと，一方，外国

訪問の成果は締結した協定など合意文書の数ではかるソ連の慣習を引き継いでおり，できるだけ多くの取り決め・文書を締結したがったことであった。後者については，日本側は外交の成果は文書の数ではなく実績ではかるべきものであると説得し，各回，円借款や無償援助の供与約束など訪問のすべての成果をまとめた共同コミュニケのみを発出した。

ナザルバエフ大統領の訪日時，細川護熙総理との首脳会談の翌日に細川内閣総辞職のニュースが入り，仰天する大統領一行に対し，松井大使とともに，日本政府は首班が変わろうとも約束したことは必ず守ると説明し，安心してもらうのに苦労したものである。

カリモフ大統領の漸進的経済改革の手法は日本モデルに近いと日本側は強い関心を示し（実際は日本モデルとはかなり異質であることが判明した），一方，カリモフ大統領は，やって来たミッションを暖かく歓迎したので，日本の大蔵省関係者や民間にウズベキスタンのファンが生まれた。

第二次世界大戦後ソ連に不法に抑留された日本軍人・民間人のうちカザフスタンに推定約6万人，ウズベキスタンに約2万5000人が送られたという。不幸にして亡くなられた方々の墓地は地元の人々によって守られてきた。ウズベキスタンの首都タシケントは1966年に大地震に見舞われたが，抑留者が建てたナヴォイ劇場は倒壊しなかった。孫崎大使の在任中，カリモフ大統領の指令で「数百名の日本国民が，この劇場の建設に参加した」との碑文が壁にはめ込まれた。「戦争捕虜」の用語が使われなかったのは明らかに親日的なカリモフ大統領の決定であろう。日本政府は友好のシンボルとして1994年同劇場に視聴覚照明機材を贈呈した。

2　「シルクロード外交」提唱以来の中央アジア諸国と日本の関係

1997年7月以降の日本の「シルクロード外交」の展開については，本書に収録された論文でさまざまな角度から分析が行われている。したがって，筆者はこの節では，読者の便宜のため，日本の支援とカスピ海地域のエネルギー分野への投資の実績などを中心に，中央アジア諸国と日本の関係を簡単

に取りまとめる。

(1) 関係の進展

　1997年7月の橋本総理大臣の「ユーラシア外交」(「シルクロード外交」はその一部をなす)演説は，宇山論文(第5章)も指摘するように，現実には1992年以来日本が追求してきた目標を再度強調するものであった。しかし「シルクロード外交」を通じ，日本と中央アジア諸国との二国間関係は着実に進展し，さらに2004年の「中央アジア＋日本」対話開始以来，中央アジア地域全体との関係が大幅に増進した。

　要人の往来の面では，中央アジア諸国の大統領は何度も訪日していたが，2006年8月小泉純一郎総理がカザフスタンとウズベキスタンを訪問した。これは現職の日本の総理として初めての中央アジア訪問であった。

　NIS諸国では，日本大使館は，前述のカザフスタン，ウズベキスタン，ウクライナ，ベラルーシに加え，アゼルバイジャン(2000年1月)，タジキスタン(2002年1月)，クルグズスタン(2003年1月)，トルクメニスタン(2005年1月)，グルジア(2009年1月)に開設され，本省，在外公館ともスタッフが強化された。一方クルグズスタン(2004年4月)，アゼルバイジャン(2005年10月)，グルジア(2007年2月)，タジキスタン(2007年11月)が東京に大使館を開いた。

　日本のODAでの突出ぶりとは対照的に，貿易および石油関連以外の部門への投資額の少なさは現地側の期待を裏切っている。2007年日本の中央アジア5カ国との貿易総額は9.71億米ドル(日本の輸入5.62億米ドル，輸出4.08億米ドル)で，同年の中央アジア5カ国の総貿易額1113億米ドルの1%に過ぎない[6]。我が国からの直接投資は，カザフスタン17億5300万米ドル(2007年までの累計。カザフスタン国立銀行統計)，ウズベキスタン11億円(2007年フローベース。財務省統計)で，その他3国にはない[7]。

　一方，中央アジアと日本の大学間の協力やNGOによる活動が活発化した。ウズベキスタン・フェルガナ地方のリシタンには，かつてエンジニアとして働いていた故大崎重勝氏と夫人が自費で作り，今もウズベク人，日本人有志

によって支えられている私立の日本語学校「NORIKO学級」があり，約150人の児童が日本語を習っている[8]。アラル海の環境汚染問題に取り組む日本の人たちもいる。中央アジア諸国と日本の友好は政府関係者やビジネスマンだけではなく，ここに紹介しきれない双方の多くの有志の人たちに支えられているのである。

　しかし，よいことばかりではない。1998年に内戦後のタジキスタンにおける国連の活動に参加していた秋野豊・元筑波大学助教授が殺害されるという悲劇や，1999年クルグズスタンでイスラーム過激派武装組織「ウズベキスタン・イスラーム運動（IMU）」による国際協力機構（JICA）専門家4人の人質事件が起こっていることも忘れてはなるまい。

(2)　日本の中央アジア諸国支援

a. 二国間ODA[9]

　日本政府は中央アジア諸国のベーシック・ヒューマン・ニーズ（人間の基本的ニーズ），インフラ整備，能力向上（capacity building）などのため，2006年度末までに中央アジア5カ国に対し総額約2890億円（約28.9億米ド

表1-1　日本の対中央アジア諸国国別支援実績（2007年度までの累計）

ウズベキスタン	有償資金協力	975.52億円	研修員受け入れ	1219名
	無償資金協力	188.79億円	専門家派遣	498名
	技術協力実績	100.12億円		
カザフスタン	有償資金協力	887.88億円	研修員受け入れ	853名
	無償資金協力	59.48億円	専門家派遣	244名
	技術協力	110.40億円		
クルグズスタン	有償資金協力	256.65億円	研修員受け入れ	984名
	無償資金協力	112.15億円	専門家派遣	147名
	技術協力	86.23億円		
タジキスタン	有償資金協力	なし	研修員受け入れ	996名
	無償資金協力	86.34億円	専門家派遣	21名
	技術協力	29.27億円		
トルクメニスタン	有償資金協力	45.05億円	研修員受け入れ	281名
	無償資金協力	6.20億円		
	技術協力実績	4.81億円		

出典：外務省資料「政府開発援助（ODA）国別データブック2008」

表 1-2 国連, UNDP, 世銀グループに設置された日本の信託基金を通じる支援

国連人間の安全保障基金 (UN Trust Fund for Human Security)	1999 年 3 月に我が国の主導により国連に設置された信託基金であり, 現在までに総額約 354 億円 (約 3 億 4000 万米ドル。1 米ドル＝104 円で換算) を拠出している。 そのうち中央アジア諸国関連プロジェクトは 10 件, 総額 1047 万 9000 米ドル。
日本・UNDP パートナーシップ基金 (Japan-UNDP Partnership Fund)	以前は,「人造り基金 (Japanese Human Resources Development Fund)」,「WID 基金 (UNDP/JAPAN Women in Development Fund)」,「ICT 基金 (UNDP Information and Communications Technology for Development Thematic Trust Fund)」の 3 基金からなっていたが, 日本・UNDP パートナーシップ基金に統合された。中央アジア諸国関連プロジェクトは 10 件, 総額 212 万米ドル。
世銀開発政策・人材育成基金 (IBRD: Policy and Human Resource Development Fund)	中央アジア諸国関連プロジェクトは 28 件, 総額 2698 万 5000 米ドル。
世銀日本社会開発基金 (IBRD: Japan Social Development Fund)	中央アジア諸国関連プロジェクトは 11 件, 総額 1171 万 8000 米ドル。
国際金融公社技術支援信託基金 (International Finance Corporation Technical Assistance Trust Fund)	中央アジア諸国関連プロジェクトは 4 件, 総額 159 万米ドル。

ル[10]) の ODA を供与した。内訳は, 無償資金協力 426 億 5800 万円, 技術協力 299 億 100 万円, 円借款 2165 億 1000 万円である。日本は年度によって異なるが, 中央アジアの多くの国で最大または主要な援助供与国となってきた。

中央アジア諸国から 2007 年度末までに 4333 名の研修員を日本に受け入れ, 日本から多数の専門家・ボランティアを派遣した。人材育成のための「日本センター」は前述のクルグズスタンに加え, 2000 年にカザフスタンとウズベキスタンに開設された。

b. 国際機関を通じた支援[11]

二国間 ODA に加え, 日本政府は, 各種国際機関に設置した基金を通じて中央アジア諸国に支援を行っている。このうち, 国連, 国連開発計画 (UNDP), 世銀グループに設置された日本の信託基金の 2002～2007 年の中央アジア諸国関連プロジェクト数および総額は表 1-2 のとおりである。この

ほか，アジア開発銀行，欧州復興開発銀行の日本信託基金もある。

c. カザフスタンへの非核化協力

日本は，1994年の日・カザフスタン非核化協力協定に基づき，日・カザフスタン非核化協力委員会に総額約1600万米ドル(17億7000万円)を拠出し，国内計量制度の確立，セミパラチンスク核実験場周辺地域の放射能汚染対策に協力している[12]。

さらに2007年4月27日外務省は，カザフスタンとの間で，原子力協力協定の締結交渉を開始することで合意し，この関連で，日・カザフスタン非核化協力協定の下で，カザフスタンにおける核関連施設の核セキュリティの確保のために約5億円の協力を行うことを決定した旨発表した[13]。

日本のODAについてはダダバエフ論文(第6章)とマラト論文(第8章)が受益国の視点から，その効果と問題点を指摘しているが，一般的に日本の支援は「政治的野心のない」協力として評価されている。ここで，一例として筆者の体験を述べたい。

筆者は2005年10月タシケントで行われた中央アジアの安全保障に関する国際会議に出席した。そこで筆者は，同年5月のアンディジャン事件は，中央アジアとコーカサスで人々の民主化の要求が高まる一方，この地域がテロリストの攻撃に対しいまだ脆弱であり安定にほど遠いことを示しており，かつ，外国の外交攻勢が強まるなどこれら諸国をめぐる戦略的環境が大きく変化しつつある現在，これら諸国が自らの政治的・経済的統治能力を維持するためには，地域全体の安定と発展に向けての域内協力がこれまで以上に大事である，と述べた。そして日本がこれまで比較的静かながら極めて活発な中央アジア諸国のパートナーとして何を行ってきたか，行おうとしているかを，人間の安全保障面での努力を強調しつつ説明した。これに対しウズベキスタンの2人の代表は「他国と違って，日本は受益国の真の利益を考えて援助してくれている」と述べた。このコメントは暗に欧米諸国のウズベキスタンに対する態度を批判するものであったとしても，我々が進めてきた政策がこの地域の諸国の利益にかなっており，評価されていることを示している。

(3) エネルギー資源開発とパイプライン建設への日本の投融資

a. 投　　資

　欧米メジャーには遅れをとったものの，1990年代後半より，石油の開発やパイプライン建設には日本企業も参加している。伊藤忠石油開発株式会社が1996年3月と7月にアゼルバイジャンのアゼリ・チラグ・ギュネシリ(ACG)油田の権益計3.92％を取得しアゼルバイジャン国際操業会社(Azerbaijan International Operating Company［AIOC］)に参加したのが，日本企業としてのカスピ海石油開発への進出第1号であり，日本におけるカスピ海ブームの火付け役となった。その後日本企業はいくつかの鉱区でPS(生産分与)契約[14]を締結した。

　カスピ海地域で日本のエネルギー企業が操業に参加しているプロジェクトは表1-3のとおりである。

b. 日本国際協力銀行の融資

　日本国際協力銀行(JBIC)はこれら石油開発とBTCパイプライン建設に融資し，アゼルバイジャン政府と業務協力している。

3　結論と提言

　最後に，筆者の経験に基づき，かつ本書の各論文の分析や提言も参考にして，今後の日本の対中央アジア外交のあり方について，筆者の考えを述べたい。

(1)　政治対話と地域内協力への協力

　2005年3月にクルグズスタンの「チューリップ革命」の後で成立したクルマンベク・バキエフの政権は，マラト論文も指摘するように，やがて必ずしも民主的ではないことが判明し，中央アジアでカラー革命のドミノは起こらなかった。ナザルバエフ大統領は2005年12月，カリモフ大統領は2007年12月に三選され(任期はいずれも7年)，中央アジアの二大国では独立以

表1-3 カスピ海地域で操業する日本のエネルギー企業

アゼルバイジャンのアゼリ・チラグ・ギュネシリ(ACG)油田	伊藤忠石油開発株式会社がITOCHU Oil Exploration (Azerbaijan) Inc.を通じて(1996年から参加)権益3.92%、国際石油開発株式会社(インペックス、2008年10月国際石油開発帝石株式会社となった。以下同じ)がインペックス南西カスピ海石油株式会社を通じて(2003年4月)権益10%を保有。
カザフスタンの北カスピ海沖合鉱区(カシャガン油田ほか)	国際石油開発株式会社がインペックス北カスピ海石油株式会社を通じて(1998年9月から参加)権益8.33%を保有したが、2008年10月7.56%となった。
バクー・トビリシ・ジェイハン(BTC)パイプライン建設	国際石油開発株式会社がINPEX BTC PIPELINE, Ltd.を通じて(2002年10月)権益2.5%、伊藤忠石油開発株式会社がITOCHU Oil Exploration (BTC) Inc.を通じて(2002年6月)権益3.4%を保有。

出所：伊藤忠石油開発株式会社ウェブサイト〈http://www.itochuoil.co.jp/j/world_index-j.html〉および国際石油開発帝石株式会社(インペックス)ウェブサイト〈http://www.inpex.co.jp/business/nis.html〉。

表1-4 日本国際協力銀行の融資と協力協定

アゼリ・チラグ・ギュネシリ(ACG)油田への融資[1]	14億1400万米ドル限度。民間金融機関との協調融資。
バクー・トビリシ・ジェイハン(BTC)パイプライン建設への融資[2]	総額5億8000万米ドル限度(2004年2月3日)。民間金融機関との協調融資。国際金融公社、欧州復興開発銀行、独立行政法人日本貿易保険等の公的機関も参画。
カシャガン油田開発への融資[3]	6億4900万米ドル限度(2005年10月27日)。民間金融機関との協調融資。
アゼルバイジャン共和国政府との業務協力協定[4]	2007年6月13日発表。

出所： 1) 国際協力銀行への照会への同銀行回答。新聞発表なし。
2) 国際協力銀行新聞発表2003-38(2004年2月3日)「バクー・トビリシ・ジェイハン(BTC)石油パイプライン向けプロジェクトファイナンスの調印：カスピ海と地中海をつなぐ初の石油パイプライン敷設を支援」〈http://www.jbic.go.jp/ja/about/press/2003/0203-01/index.html〉。
3) 国際協力銀行新聞発表(2005年10月27日)「北カスピ海沖合カシャガン油田開発事業に対する資源金融供与：日本のエネルギー供給源多様化への取り組み」〈http://www.jbic.go.jp/ja/about/press/2005/1027-01〉。
4) 国際協力銀行新聞発表2007-27(2007年6月13日)「アゼルバイジャン共和国政府と業務協力協定を締結：中央アジア・コーカサス地域における資源保有国と更なる関係強化、日本企業の事業展開に向けて」〈http://www.jbic.go.jp/ja/about/press/2007/0613-01/〉。

来の長期政権が実現した。かくして中央アジア5カ国は相変わらず，権威主義体制下にある。

　国によって事情は異なるものの，総じて，中央アジア諸国政府は国際社会の協力を得つつ取り組まねばならない多くの課題を抱えている[15]。5カ国には，直面する諸問題の多くは一国では解決できず，テロリズム，麻薬，環境，国境を越える犯罪，水利用といった問題では互いに協力せねばならないとの共通の認識があるものの，現実には各国の利害が対立し，地域内協力はスローガンほどには進展していない。

　そのような状況では，日本としては「中央アジア＋日本」対話の枠組み（外相会談および高級実務者レベル会合）を活用した，政治対話と地域内協力への協力という二本柱を核とする独自のシルクロード外交を進めるのが賢明である。政府間対話と並行して進められている知的対話も有益である。

　我々は，現実の問題として，「開明的権威主義レジーム」は認めざるを得まい。そのうえで，民主化をはじめ，中央アジア諸国が抱える上記の諸課題の実現に向けて，国際社会とともに協力するのが正しい方向であろう。日本政府は，2005年5月のアンディジャン事件の際，欧米諸国と同様にカリモフ政権に対し民主化を進めるよう申し入れたが[16]，今後も，各国の実情にあわせた民主主義の多様性の存在は認めるが，現状には満足していないこと，少なくとも，言論の自由など基本的人権，自由で公正な選挙を通じた国民の政治への参加が保障されるべきだと考えていることを，二国間の場または「中央アジア＋日本」対話を通じて明らかにすべきであろう。同時にこの面での法制度の改善への支援を強化すべきであろう。

　河東論文(第2章)・宇山論文(第5章)が述べるように日本が「グレート・ゲーム」に参加する必要がないとの事実は，日本にとって利点である。中央アジア諸国も政治的野心のない日本の言うことであれば，少しは耳を傾けるかもしれない。

　日本の態度で重要なのは，中央アジア諸国を同じアジア人のメンタリティーを持つ対等のパートナーとして遇することである。政治対話の場では，日本は，この地域の抱える諸問題のみならず，国際社会の諸課題についての

我が国の立場と取り組み，我が国の対米，対ロ，対中，対東アジア共同体政策，さらに日本はいかなる世界の新秩序の構築を考えているかについてきちんと説明する必要があろう。

(2) ＯＤＡ

今後ともODAをてこに，2006年6月合意した「中央アジア＋日本」対話「行動計画」を誠実に実施してゆくべきであろう。

ODAの実施に際し，河東，ダダバエフ，マラトの挙げる問題点の指摘や提言は検討に値する。例えば，農機具の供与に関連して，ダダバエフは(中央アジアの)農民は旧ソ連地域で作られた機器であれば，どのようにして直せばよいか分かっており，部品も安く調達できるので，そちらを選ぶほうが使いやすいとの意見を出したと述べているが，これは興味深い指摘である。他方筆者はグルジアの兼任大使の時，グルジア政府関係者から，旧ソ連製はほぼ毎回壊れるので，日本政府の無償援助により供与される農業機器は，日本製に限定してほしいとの要請を受けたことがある。この要請の裏にはグルジアの反ロシア感情も混じっているかもしれない。いずれにせよ日本政府のアンタイド援助志向のODA政策の下でこの要請は実現しなかった。

このように，国によって事情はさまざまである。国別の細かな配慮が必要であろう。

(3) 「地域」を「広域」から見る

麻生太郎外務大臣は2006年6月1日に日本記者クラブで行った，「中央アジアを『平和と安定の回廊』に」と題する演説で，対中央アジア外交「3つの指針」として，(a)「地域」を「広域」から見る，(b)開かれた地域協力を後押しする，(c)「普遍的価値」の共有に基づくパートナーシップを追求する，の3点を挙げた。筆者もこれら指針に基本的に賛成である。(a)および(b)に関連して，筆者としては，アフガニスタン情勢，上海協力機構(SCO)の動向さらに将来の地域統合の可能性に特に注目すべきであると考える。

a. アフガニスタン

　中央アジアの安定は，アフガニスタンの安定の実現に密接にリンクしている。また中央アジアは地理的にアフガニスタン経由で南アジア経済圏さらにはインド洋とつながっている。いまだ政情不安定なアフガニスタンで，日本と国連が主導するDDR(旧軍閥兵士の武装解除・動員解除・社会への再統合)は著しい成果を挙げた。日本の復興支援20億ドル[17]は，「顔の見える」協力の成功例となっている。2006年6月の「中央アジア＋日本」対話第2回外相会合にはアフガニスタンもゲストとして招待された。日本は中央アジアのウズベキスタンおよびタジキスタンに対しても，アフガニスタン周辺国としての支援を進めてきたが，国際社会はアフガニスタンと中央アジアの周辺国への支援を続けるべきであろう。

b. 上海協力機構(SCO)

　上海協力機構については岩下をはじめ多くの執筆者が取り上げているが，同機構の方向性はいまだ必ずしも明確ではない。しかし，中国，ロシア，中央アジア4カ国の加盟国に加え，モンゴル，インド，パキスタン，イランのオブザーヴァー参加により，エネルギー資源国と大消費国の巨大な「資源共同体」の性格を持つことになり，事実「エネルギー・クラブ」創設の提案がなされたと報じられている。また，加盟国は反テロ演習の名目で共同軍事演習を重ねており，上海協力機構は準軍事機構としての性格を持っている。我々としてはこれらの点に注意を払わざるを得ない。「反米」同盟ではないのであろうが，現在は「非米」ないし「非西側」である。加盟国とオブザーヴァーで民主主義国と言えるのはインドとモンゴルぐらいであろう。アフガニスタン問題に関する同機構の立場が国際的に注目される。

　日本外務省は上海協力機構につき中央アジア諸国，ロシア，中国と意見を交換し，機構事務局との接触を始めた。今後とも日本や欧米はその透明性と開放性を追求し続けるべきであろう。その点，同機構が反テロ演習に各国武官をオブザーヴァーとして招待したのは評価できる。我々は今後機構事務局と定期的に意見を交換し，加盟国に対し可能な範囲で機構の諸会議への我々のオブザーヴァー出席への同意を求めてゆくべきであろう。地域の安定と発

展に向けて，上海協力機構と日本および西側が将来何らかの協力を行う余地はある。まず特定プロジェクトへの協力などはありえよう。本書でも何人かの執筆者により出されたSCO＋3（米国，ヨーロッパ，日本）の枠組みを作るべしとの提案は十分検討に値しよう。

c. 広域経済統合の可能性

中央アジア5カ国の総人口は約5900万（アゼルバイジャンを加えても約6700万），GDP総額は約1200億ドルに過ぎない。将来より大きな経済共同体ないし共同市場結成を目指すとしても，中国主導の上海協力機構が母体となるのか，ロシア主導の「ユーラシア経済共同体（EECまたはEurAsEC）」が母体となるのか？ 中国とロシアが一枚岩というわけではない。あるいは，現在，あまり活動が見られないものの西アジアのイスラーム国と結びついた「経済協力機構（ECO）」が母体となる可能性もある。その推移によってユーラシア情勢は大きく変わりうる。そのことはこの地域が直面する不安定さを浮き彫りにしており，日本が中央アジア諸国が開かれた地域主義の下で自立できるようにこれら諸国と密接に協力する根拠ともなっている。

（4） 日本と中央アジア諸国関係における経済の側面

長期的に見れば，この地域のエネルギー資源開発分野での協力は，当該国と地域の経済発展と安定および日本のエネルギー供給源の多様化に寄与する。我が国としては官民あげて可能な限りプロジェクトへの参画をはかるべきであろう。ウランなど天然資源の開発面での協力の実現も望まれる。

中央アジア諸国のカントリーリスクが高いこと，制度面での貿易・投資環境の不備，内陸国としてのアクセスの悪さ等の問題は日本企業のみならず他の外国企業も等しく直面する問題であり，日本からの貿易・投資の少なさの理由にはならない。問題は，関係者がいかにしてこれらの障害の克服に取り組むことができるかということである。2008年6月にナザルバエフ・カザフスタン大統領が訪日した際，両国は二国間租税条約についての基本合意を確認し，覚書に両国外務大臣が署名した[18]。日本政府はまた，2008年8月にウズベキスタンとの投資協定に署名したが[19]，同時にこの分野の制度改善

(5) 日本流ソフトパワーを
―― 日本と中央アジア諸国関係における広報・文化の側面

日本の「シルクロード外交」と日本のODAに関する広報に一層の努力が必要であることが，本書の各章で指摘されている。日本は，言語と文化を通して相手国住民に接触しようとしてきた。国際関係においては，一般に政治，次いで経済の側面に重要性が付されており，文化の側面の優先度は比較的低い。しかし，国際関係における文化の長期的な影響力の強さは無視できない。

外務省は現在世界で39カ所にある日本語教育拠点を，近い将来主要国なみの100カ所以上にすることを検討している。日本語学習者が増加している中央アジアにも設置が期待される。同時に日本語履修者の就職先確保のために，日本と中央アジアのビジネス関係の増加も期待されることは言うまでもない。

今や世界を席巻する日本のアニメなどポップカルチャーや食，デザイン，ファッションなど現代日本文化を文化交流事業に取り込むことも有益であろう。

(6) 地域情勢に関する情報の収集と対中央ユーラシア戦略の策定

我々日本側においては，中央アジア自体の情勢および隣接するアフガニスタン，パキスタン，イランをはじめとする南西アジアの情勢，さらには，中央アジアのみならずユーラシア全体に大きな影響を及ぼす中国，ロシア，米国，インドなど大国の戦略に関する最新の情報に基づいて，対中央アジア戦略と政策を立てるべきであろう。収集すべき情報は，安全情報から全般的政治・経済情勢，ビジネスチャンスに関する情報までを含む。

筆者は，情報の分析，政策立案，戦略策定のため，日本の国会，政府機関，経済界，学界，シンクタンク，マスメディア，NGOの関係者からなる協議メカニズムを設立し，全日本としてシルクロード外交を進めていくことを提言したい。

最後に,「シルクロード外交」の一部をなす南コーカサスに対する日本の政策についても,近い将来同様な議論が行われることを期待したい。

注

1) 旧ソ連地域の諸国のうち,ソ連の国際法上の地位を継承したロシア連邦と,ソ連に不法占拠されていたという立場をとるバルト3国を除く11カ国を,「新独立国家(NIS)」と呼んでいた。なお,NISにロシアを含める用法もあり,後述の「NIS支援室」はそれに当たるが,本章では特記以外ロシアを含めない。
2) より詳しくは,廣瀬徹也「中央アジア諸国と日本」『中東研究』1995年8月号(No. 405),同「日本のシルクロード地域外交」小野澤正喜監修『ユーラシアと日本』筑波大学大学院地域研究研究科,2006年,参照。
3) 2004年度外務省の組織替えで欧州局「中央アジア・コーカサス室」となり,中央アジア・コーカサス8カ国関連業務を行っている。
4) DAC途上国リストとは,経済協力開発機構(OECD)の開発援助委員会(DAC)が定めた,援助対象国リスト。なお日本は南コーカサス諸国およびモルドヴァには1994年から,ウクライナについては1997年からODAを開始した。ベラルーシにはODAは供与されていない。
5) 田辺靖男(元資源エネルギー庁石油部開発課長)「カスピ海石油資源の政治経済学」『外交フォーラム』1998年8-9月号。
6) ジェトロ・ウェブサイト〈http://www.jetro.go.jp/biz/world/russia_cis/outline/centasia0806.pdf〉。
7) 日本外務省ウェブサイト〈http://www.mofa.go.jp/mofaj/area/kazakhstan/data.html〉,〈http://www.mofa.go.jp/mofaj/area/uzbekistan/data.html〉,〈http://www.mofa.go.jp/mofaj/area/kyrgyz/data.html〉,〈http://www.mofa.go.jp/mofaj/area/tajikistan/data.html〉,〈http://www.mofa.go.jp/mofaj/area/turkmenistan/data.html〉。
8) Terao Chiyuki(寺尾千之), "The Rishtan-Japan Center and the Noriko School in Uzbekistan," *Shingetsu Electronic Journal of Japanese-Islamic Relations*, vol. 3 (2008)〈http://www.shingetsuinstitute.com/Terao%201F.pdf〉。
9) 外務省資料「政府開発援助(ODA)国別データブック」。
10) 1米ドル=100円で筆者が換算。
11) データは2008年3月日本外務省の提供による。なお外務省資料「政府開発援助(ODA)国別データブック」によれば,従来国際機関経由の援助額はODAデータブックの集計対象外としてきたが,2006年分より拠出時に拠出先の国が明確であるものについては各被援助国への援助として新規に計上することに改めた由である。
12) 「中央アジア+日本」対話・(第1回)外相会合共同声明(2004年8月28日,アスタナ)別添〈http://www.mofa.go.jp/mofaj/kaidan/g_kawaguchi/ca_mongolia_04/

kyodo_b.html〉。
13）「カザフスタンとの原子力協力協定の締結交渉の開始及び同国に対する核セキュリティ協力の実施について」〈http://www.mofa.go.jp/mofaj/press/release/h19/4/1173211_802.html〉。
14）生産される原油を外資側と産油国側で一定の方式で分け合うことを取り決めたもの。
15）政治・社会面では，民主化の促進と腐敗の除去，社会正義と人間の安全保障の実現，テロリズムとの闘いとイスラーム過激主義の抑制，少数民族に特別に配慮した国民の統合，環境汚染の解決，経済面では，貧困の撲滅と経済格差の解消，市場経済に根ざしたより活力のある経済システムの構築，工業の発展と農業の復興，内陸国の経済開発のために不可欠な鉄道，高速道路，通信網の構築などである。
16）2005年5月14日高島肇久外務報道官談話発表，6月1日楠本祐一駐ウズベキスタン大使よりイブロヒム・マヴラノフ同国外務次官に対し申し入れ〈http://www.mofa.go.jp/announce/announce/2005/6/0602-2.html〉。
17）プレッジ総額。2008年6月12日アフガニスタン支援国際会合における高村正彦外務大臣ステートメント〈http://www.mofa.go.jp/mofaj/press/enzetsu/20/ekmr_0612.html〉。
18）このほか本件訪日の成果として，二国間投資協定の交渉を開始すること，原子力協定交渉の早期妥結に努めること，貿易・投資環境整備や経済分野の協力を包括的に協議する官民合同の枠組みを構築することに合意し，経産省とカザフスタン産業貿易省との貿易投資拡大のための協力に関する覚書に署名したことが挙げられている〈http://www.mofa.go.jp/mofaj/area/kazakhstan/visit/0806_gh.html〉。
19）〈http://www.mofa.go.jp/mofaj/gaiko/treaty/shomei_33.html〉。

第2章　対中央アジア政策の推移
　　　　──シルクロード外交から「中央アジア＋日本」へ

河 東 哲 夫

　中央アジアは，日本が死活の利益を有する地域ではない。しかしロシアと中国の間に位置し，天然資源に恵まれているため，日本にとっては外交・経済の両面で重要な役割を持ちうる。日本は世界政治においては目立たない国と思われているが，中央アジアにおいてはその経済力によって，また中央アジアに対して歴史上何もやましいことを行っていないことによって，政治的な役割を果たすこともできる。欧米諸国が人権問題のために中央アジアでイニシアティヴをとりにくい場合には，日本が中央アジアの国々に助力を与えながら，より多くの改革と民主化を行うよう呼びかけることができる。この章においては，日本と中央アジアの間の短い歴史を振り返るとともに，日本の現在の政策，そして今後の見通しを述べてみたい。

1　中央アジアにおける日本の外交──その初期

　中央アジア地域は古代の日本に多くの文化的影響を与えたが，日本自身は中央アジアについて非常に無知であった。ソ連が中央アジアを支配していたために，この地域は日本人には遠いものに見えたし，中央アジア出身の人間をも「ロシア人」とみなしていた。日本人はソ連に好感情を持っていなかったため，その中でも遅れた地方とみなされた中央アジアは，ますます軽んじられたのである。

ソ連崩壊の直後の1992年2月，米国のジェームズ・ベーカー国務長官は独立国家共同体(CIS)の新しい独立諸国家を短期間で歴訪し，支援を約束するとともに米国大使館を開設することを宣言した。日本はそれには出遅れた。中央アジアにおける日本の最初の大使館は1993年になって，ウズベキスタンとカザフスタンに開かれた。それは，日本がこの地域に大きな関心を有していなかったためだけではなく，官僚的な制約が厳しいためでもあった。なぜなら，新しい大使館を開設するためには法律を改正する必要があるが，これは公務員の人数，予算の増加を厳しく抑えている日本では，非常に時間のかかる作業になるからである。ソ連崩壊の時のように，新しい独立国が同時に多数成立するような場合には，日本外交は非常に大きなハンディを抱えることになる。しかも大使館が開設されても，十分な数の人員と予算は提供されないのである。

　1990年代前半は，クルグズスタン(キルギス)が日本政府の一番大きな関心を引いていた。当時のアスカル・アカエフ大統領は，CIS各国首脳の間では最も改革志向の強い指導者であると思われていた。それに，この国の経済規模は小さいので，日本が援助すればその効果は大きなものになるだろう。そしてクルグズスタンを日本の政府開発援助(ODA)のショー・ウィンドウにすることができれば，CIS諸国そして何よりロシアが日本との関係をもっと重視するようになるだろう。当時，外務省ではそのような目論見があり，結果としてクルグズスタンは1992年，中央アジアでは日本外相が最初に訪問する国となった。

　しかしながら，クルグズスタンは経済規模が小さく，大規模な援助案件を実施するには向いていなかった。そのためもあって，日本政府の重点は，中央アジアで人口が最も大きいウズベキスタンとカザフスタンに徐々に移行した。カザフスタンは石油埋蔵量が大きく，ウズベキスタンはユーラシア大陸の中心部で重要な地政学的位置を占める。後者は中央アジアの人口の約半分を占め，アフガニスタンおよび中央アジア諸国のすべてと国境を接している唯一の国である。ウズベキスタンの情勢が不安定化するとそれは隣国に容易に飛び火し，ユーラシア大陸の東半分における力のバランスに影響を及ぼし

かねない。1995 年，日本は中央アジアで初のインフラ建設用の大型円借款をウズベキスタンとカザフスタンに供与した。それ以来，日本は両国に対する ODA 供与額がほぼ同等のものになるよう，心してきている。

　トルクメニスタンも，大きな天然ガス埋蔵量を有するがゆえに，日本の実業界の関心をつとに引いてきた。しかしながら，日本はこの国に専任大使を置いておらず，やっと 2005 年になって大使館（兼勤駐在官事務所）を開設したばかりであること等のために，両国関係の進展は遅々たるものであった。

　タジキスタンにおいては，日本は 1990 年代内戦の戦後処理と復興の問題に関与した（後述）。日本はこの国に利他的な支援を行うことで，自らの国際的地位を向上させようとしたのである。しかし同国における日本のプレゼンスが恒常的なものになったのは，2002 年大使館（兼勤駐在官事務所）を開設してからであった。

　中央アジアに対しては，日本の政官界で当初から特別の関心を示す人たちがおり，彼らの尽力も日本とこれら諸国の関係を大いに進めた。クルグズスタンに並んでウズベキスタンが，これらの人々の関心の対象となった。その一人が筆者に述べたところでは，彼らはウズベキスタンの地政学的重要性とそれが日本外交にとって有する意味に着目したのである。すなわち，中国とロシアの間に位置する中央アジアはユーラシア東部における力のバランスと安定を維持するうえで肝要な位置にあり，日本がここに地歩を有していれば外交上の大きな財産になるであろう，というのである。

　1994 年，ウズベキスタンのイスラム・カリモフ大統領は日本を初めて公式訪問し，1997 年までに日本から総額約 5 億米ドルの円借款および無償資金援助を受けた。ウズベキスタンはこうして，中央アジアにおける日本の ODA の重要な受益国となったのである。

　日本は，カザフスタンとの関係も推進した。渡辺美智雄外相は 1992 年この国を訪問し，1994 年 4 月にはヌルスルタン・ナザルバエフ大統領が上記カリモフ大統領より 1 カ月前に来日したのである。しかしながら豊かな石油資源を持つカザフスタンは日本の経済援助——それは日本にとっては両国関係を推進するための数少ない手段の一つなのだが——を受けることに熱心で

はなかった。日本の要人の関心は，サマルカンドなどの文化遺産を有するだけでなく，もてなし上手でもあるウズベキスタンに向きがちとなった。

2 「シルクロード外交」

1997年，いわゆる「シルクロード外交」が発表されて，日本の中央アジアへの関与は第2段階を迎えることになった。1997年までには，日本外務省にもコーカサスおよび中央アジア地域の地政学的重要性を理解し，ソ連崩壊後これらの地域に生じた力の真空を埋める競争で遅れてはならないこと，そしてこれらの地域に日本が地歩を持てばロシア，中国そして中近東に対する外交カードとなりうることを認識する者たちが現れていた。外務省欧亜局は中央アジア外交における原則を検討し始め，これがのちに「シルクロード外交」として結実する。

1997年6月から7月にかけて故小渕恵三衆院議員（その翌年には総理）は，約60人の政治家，官僚，実業家，学者からなる代表団を率いてトルクメニスタン，クルグズスタン，カザフスタン，そしてウズベキスタンを訪問した。この時，「ユーラシア外交」という言葉が使われた。同7月，総理官邸から外務省に対して，「ユーラシア外交」についての演説を起草するよう指示が下された。外務省は，かねて検討していた対中央アジア外交の諸原則をこれに盛り込み，7月24日橋本龍太郎総理が経済同友会でこの演説を行った。この諸原則とは，第一に信頼と相互理解の強化のための政治対話，第二に繁栄に協力するための経済協力や資源開発協力，そして第三に核不拡散や民主化，安定化による平和のための協力を，中央アジア諸国に対して呼びかけるものであった[1]。

これは日本の「シルクロード外交」と呼ばれるようになり，コーカサス，中央アジアの諸国によって高く評価された。しかしながら1998年に橋本総理は，参院選挙敗北の責任をとって辞任した。シルクロード外交は，小渕内閣によって継続されることになった。北方領土問題が動き出した対ロ関係ほどではなかったが，中央アジアとの関係も着実に進展を続けたのである。

1999年5月高村正彦外相がウズベキスタンを訪問し，大使館(兼勤駐在官事務所)が2002年1月タジキスタン，2003年1月にクルグズスタンに開設された。国際協力機構(JICA)事務所が1999年タシケント，2000年ビシケクにそれぞれ開設され，中央アジア諸国の経済発展と改革に向けて活発な支援を開始した。政府要人往来は多くなかったが，日本は中央アジアにおける地歩を固めていった。日本はカザフスタン，クルグズスタン，ウズベキスタンにおいてODA供与額1位になり，2001年5月にはタジキスタンからエモマリ・ラフモノフ大統領を東京に招いてタジキスタン支援国会合を主宰した。

なおタジキスタンについては，既に1998年に，国連タジキスタン監視団(UNMOT)に秋野豊・元筑波大学助教授を派遣していたことが特筆される。秋野氏は同年7月に反政府勢力によって殺害された。日本政府はこれ以後，500名のタジキスタン官僚らに日本で研修を行う等，タジキスタンの安定化へ向けての努力を一層強化した。

3 日本のODA

日本のODAのうち，円借款は中央アジアに対しこれまで約20億米ドル相当が供与されており，無償援助は約6億米ドル，そのうち2億6000万米ドル相当が技術協力である。日本のODAは借款が多いのが特徴である。それは，返済しなければならない資金を受ける際には，受益国は対象プロジェクトを注意深く選ぶだろうからである。また借款であれば，インフラ建設のような大規模なプロジェクトを実現しやすい。

日本の円借款により，中央アジアでは多くのインフラが建設された。それは道路，空港施設近代化，鉄道，光ファイバー網，橋，発電所，職業訓練学校(ウズベキスタンでは60以上の職業訓練学校が建設されている)，水道施設，下水道施設，鉄道客車・貨車修理工場等である。また無償資金援助で，留学生が招聘されている。

しかしながら，日本のODAは問題も有している。アカウンタビリティー

を確保するための手続きが多いため，着手に時間がかかる。また資金のうちかなりの部分が日本および第三国の人員によるサービス，コンサルティングへの謝礼として費やされている。これは，西側の諸国がそのODA支出において抱えている問題と同じである。だが日本の場合，これに加えてODA予算が恒常的に削減されている問題が加わるのである。

そのなかで，中国が中央アジアに借款を積極的に供与するようになっている。国際通貨基金(IMF)と世界銀行が中央アジア諸国の返済能力を確保するため対外借入額を毎年制限しているので，日本その他の諸国は中国に押し出され，例えばタジキスタンで借款を供与できない状況が現出している。日本のODAはいくつかの中央アジア諸国において，外交の手段としての力を失うかもしれない瀬戸際に立たされている。

4　9.11事件以後および「中央アジア＋日本」の開始

2001年の9.11事件とそれに続くアフガニスタンでの戦闘は，中央アジアに対する世界の関心を高めた。国連による対アフガニスタン人道支援物資の多くは，中央アジア経由で搬入された。この支援の多くは日本の拠出によるものであった。

日本政府は同時に，2000万米ドル以上の緊急無償支援をウズベキスタンとタジキスタンに供与した。この援助は，両国の経済発展と政治的安定を維持するために必要な資本財を輸入するために使われた。例えばタジキスタンは，ウズベキスタン，ロシア，ウクライナからコンバイン，トラクターその他の農業機械を購入したのである。タジキスタンの農園はこれらの国で作られた農業機械を一貫して使っており保守にも便利であること，安価で大量に購入できること，ウズベキスタン，ロシア，ウクライナでの経済回復にも資することから，これら諸国の農機が選ばれたのである。

2002年7月には杉浦正健外務副大臣がエネルギー・ミッションを率いてカザフスタン，ウズベキスタン，アゼルバイジャン，トルクメニスタンを歴訪した。これは外務省が日本企業の関心を中央アジアに向けさせるために音

頭をとったのである。だがこれはすぐには実を結ばなかった。中央アジアとの貿易額は2003年になっても日本の貿易額全体の約0.5％，4億4600万米ドルにとどまった。中央アジアは内陸国であり，社会主義時代の体制が残ってビジネスを妨げることもあるので，日本企業はほとんど投資を行わなかった。

2002年7月，ウズベキスタンのカリモフ大統領は日本に2回目の公式訪問を行った。彼は同年3月に訪米して，「戦略的パートナーシップ」に関する文書に署名していた。ハナバード空軍基地を米国のアフガニスタン作戦用に供することを決めた同大統領は，外交政策の基軸を対米・対日関係に定めてきたのである。

カリモフ大統領は米国との間で結んだような「戦略的パートナーシップ」に関する文書に署名するよう日本に強く求め，同時に経済援助についての文書にも署名した。ウズベキスタンのインフラ建設に対する日本の援助は，同国の経済に貢献したばかりでない。カリモフ大統領は，そこに国際政治上の効果も見ていただろう。同大統領は，日本が中央アジアに対して帝国主義的野心を持っていないことを承知しており，日本との経済関係はウズベキスタンがロシアあるいは米国に過度に依存することを防いでくれる要因だと見ていたものと思われる。訪日においてカリモフ大統領は，ペルシャ湾への出口を作ることにつながる新しい鉄道を建設する案件に円借款を得るべく，日本側に強く働きかけた。この鉄道からアフガニスタン領を経由することで，ペルシャ湾に達することができるはずであった。

しかしながら日本は，この鉄道建設円借款案件に速やかな対応をしなかった。外務省でも，中央アジア担当部署以外の大勢においては，中央アジアは得体の知れない新参者であったし，鉄道建設は一般に将来の収益性を計算しにくいものとして歓迎されていなかった。そのためもあり，ウズベキスタンの鉄道建設に対する164億円の円借款は，2004年8月にやっと認められたのである。

小泉純一郎内閣の下でも，外務省の中央アジア担当部署は，総理あるいは外務大臣の中央アジア訪問を実現しようと努力はしていたが，「もっと緊急

性の高い」訪問を推進する他の地域担当の諸課にいつも先を越されていた。他方，中央アジアを担当する者たちの間では，新しい構想が育まれつつあった。当時，駐ウズベキスタン大使をしていた筆者は，日本政府およびウズベキスタン政府双方に対し，東南アジア諸国連合（ASEAN）のような地域統合を進めることが中央アジア諸国の政治的地位と経済力を高めるのに有用であるとの提言をするようになっていた。中央アジア諸国における他の日本大使，本省における担当者たちも，別個の経緯をたどって同様の考え方をするようになっていた。

　2003年9月タシケントで初めての中央アジア大使会議が開かれた時，この考え方が具体的な形をとることになった。本省からの出張者も交えて開かれたこの会議で，「中央アジア＋日本」と称するフォーラムを作る構想が紹介されると[2]，全参加者が支持を表明した。このフォーラム設立によって，地域内の協力と調整を促進しようというのであった。

　ウズベキスタンのサディク・サファエフ外相が2003年12月に訪日した際，川口順子外相がこの構想を彼に公式に伝えた。同時に外務省は，他の中央アジア諸国とも，「中央アジア＋日本」のフォーラムを立ち上げるための調整を開始したのである。

　当時，外務省では，中央アジアにおける日本の関与のあり方について議論が行われた。一つの可能性は上海協力機構（SCO）に加わることだったが，日本だけが非・旧社会主義国として入っても利用されるだけに終わるだろうこと，この機構が十分機能するかどうか定かでないこと等の疑念が表明された。もう一つの可能性は，中央アジア協力機構（CACO）と共同会合を開くことだった。しかしながらCACOは確固とした組織ではなかったし，2004年5月にロシアがこれに加盟したため，この可能性も消えた。日本に残された唯一の可能性は，「中央アジア＋日本」フォーラムを独自に立ち上げることだったのである。それはモデルを「ASEAN＋3（日本，中国，韓国）」にとったものであり，将来の展開に向けての柔軟性も確保したものだった。当面は多数のメンバーの間を調整する面倒さを避けることができる一方，第三国の加入を妨げるものではないからである。

この構想を実現するため川口外相は 2004 年 8 月，ウズベキスタン，カザフスタン，タジキスタン，クルグズスタンを公式訪問した。川口外相はタシケントでの基調演説で，同国要人と外交団を前にして中央アジアとの関係における 3 つの原則を明らかにした。それは，中央アジア諸国の多様性を尊重すること，中央アジア諸国は互いに競合しながらも協力を旨とするべきであること，そして「中央アジア＋日本」フォーラムに第三国が加盟することにオープンであるべきことであった。川口外相は中央アジア諸国の一層の民主化と経済改革を強く呼びかけ，日本外交にしては珍しく率直なトーンで，これら諸国の保守的勢力が「伝統」という美辞麗句に隠れて自分たちの既得権益を守ろうとすることを戒めた[3]。

8 月 28 日，川口外相はカザフスタンのアスタナで，トルクメニスタンを除く中央アジア諸国の外相と一堂に会合した。これら外相は，アスタナで CACO の定期会合を行うために集まっていたものであるが，CACO の枠とは別途，川口外相と会合したのである。その場で出された共同声明では，日本と中央アジア諸国（トルクメニスタンを除く）が「中央アジア＋日本」という新しいフォーラムを立ち上げるべく合意したことが謳われていた。当時の小泉外交の特徴として，「小切手外交」と呼ばれるような ODA の大盤振る舞いは行われなかった。

この訪問は，経済協力面での成果が限られていたこともあって日本マスコミの関心はそれほど引かなかったが，日本が中央アジアで政治的な動きを示したものとして中国，ロシアのマスコミは強い関心を向けた[4]。そのことは，中央アジアにおける日本のプレゼンスは経済的なだけでなく，政治的な意味も持ちうることをよく示していた。しかしながら日本では多くの関心は示されず，「中央アジア＋日本」構想は確固とした基盤を持つには至らなかった。中央アジアは，日本においてはマージナルな存在にとどまったのである。

5　アンディジャン事件と中央アジア政治情勢の変化

2005 年 5 月 13 日，一団の武装侵入者がウズベキスタンのアンディジャン

で監獄を襲い，囚人を解放した。これを鎮圧する際，多数の非武装市民が巻き添えを食ってウズベキスタン政府側によって殺された。EUと米国はこれを非難したが，ロシアと中国はウズベキスタン政府の行動を公に擁護した。日本政府は慎重なアプローチをとり，ウズベキスタン政府に対する公の非難を避けつつ，事件の原因と経過について納得のいく説明を求めた。

　7月5日，上海協力機構はアスタナで年次首脳会議を開き，全参加国が共同声明において，米国はいつまで中央アジアの基地を使用する意図であるのか明らかにするよう要求した。当時アフガニスタン情勢は安定化に向かっており，米軍の展開目的は成就されたように思われたからである。その後7月29日，ウズベキスタン政府はタシケントの米国大使館に素っ気ない口上書を送り，6カ月以内にすべての米軍をハナバード空軍基地から引き上げるよう要求した。11月までにすべての米軍兵力はハナバード空軍基地から立ち去り，その後間もなくカリモフ大統領はモスクワに飛んで相互安全保障条約を結んだ。ウズベキスタンの外交政策は大きな転回を行ったのである。

　しかしながらアンディジャン事件の前から，ウズベキスタンはその対米・対ロ関係を変化させつつあった。中央アジア諸国にとって，米国は当初解放者，そして寛大な援助をしてくれる国と見えた時期もあったが，この頃までには米国が民主主義と改革の名の下に自分たちの政権を覆すのを恐れるようになっていた。2003年グルジアにおける「バラ革命」の後，ウズベキスタンもそうした危険を感ずるようになり，ロシアへの傾斜を始めていたのである。ウズベキスタンが対ロシア自立政策をとったにもかかわらず，そして一連の経済改革を行ったにもかかわらず，米国は十分な支援を同国に行わなかったと同国政府が感じたことも，対ロ傾斜の動機となった。当時ロシアは原油価格高騰で経済が回復しつつあったし，それより重要なことは政権を転覆させるようなことはしないということだっただろう。

　ロシアはこの好機を喜んで利用し，ロシアは中央アジアよりも民主的で経済改革も進んでおり，かつ中央アジア諸国の政体を覆そうとはしない善意の存在である，とのイメージを広めることに成功した。ソ連時代に獲得した自分たちの地位を保持したがっているウズベキスタンのエリートは，ロシアの

復帰を歓迎した。彼らにとってロシアは，相変わらず世界文明の中心なのだった。

　中央アジアの一般大衆にとっても，ロシアは魅力的だった。米国がいつかは大規模な援助をしてくれるだろうという期待は実現しなかったし，米国発の文化，価値観は自分たちのものとは相容れないように見えたからである。中央アジア諸国民はロシア語やロシアの価値観をよく知っている一方，英語や米国的考え方にはついていけなかった。西側社会では中央アジアの諸国民は知られていないが，ロシアでは知られていた。

　中央アジアにおいては，中国もその地歩を向上させている。アンディジャン事件から間もなくして，カリモフ大統領は前から予定されていたとおり，中国公式訪問を行った。中国はウズベキスタン政府のアンディジャン事件での対処ぶりに対して，公に支持を表明した。前記の2005年上海協力機構首脳会議の共同宣言では，中国も中央アジアにおける米軍駐留に反対を表明した。

　中国は経済援助供与国としても魅力ある存在となった。2004年の上海協力機構首脳会議において胡錦濤国家主席は，中央アジアに対して9億米ドルの低利借款を供与する用意があることを表明した[5]。中国の石油・ガス企業の代表者たちが中央アジア諸国を頻繁に訪問するようになり，多数のプロジェクトに対する融資を約束するようになっていった。

6 「グレート・ゲーム」の再来なのか？

　この頃の数年間，世界のマスコミは中央アジアにおいて「グレート・ゲーム」[6]が再開したと書き立てるようになっていた。しかしながら実際には，ロシア以外の大国で中央アジアに死活的利益を有している国はないのである。ソ連崩壊直後ロシアの影響力が限られていた頃は，中央アジアは権力の真空地帯になっていた。どの国も真剣な対応をしないなかで，中央アジアは世界の孤児になりかねなかった。中央アジア諸国は，自分たちの既得権益は脅かさずに政治的・経済的な保証を提供してくれるような保護者を懸命に探して

いた。

　米国は当時，中央アジアに対して明確な政策を有していなかった。米国政府の頭の中ではカザフスタンの石油とか，アフガニスタンでの作戦のために軍事基地が必要であることとかの事情の他に，民主主義と市場経済を広めたいという欲求もあり，これらをどうバランスさせて一つの政策とするか，十分な検討は行われていなかった。

　中国は中央アジアのエネルギー資源に大きな関心を有している一方で，政治的野心はさほど持っていないと思われる。上海協力機構が安全保障の分野にその協力範囲を拡大することに，常に抵抗してきたのは中国である。中国はロシアよりはるかに多くを米国との経済関係に依存しているために，中央アジアで米国に大きく楯突くことはしたがらない。中国にとって政治的に微妙な新疆（ウイグル独立運動が存在する）とチベットに隣接する中央アジアが政治的に安定していれば，それがロシアの影響下であろうが，米国の影響下にあるよりははるかにましだというだけなのである。しかも，中国は中央アジア地域で軍事的行動をするだけの能力を欠いており，その文化とメンタリティーは中央アジアのものと大きく異なる[7]。

　EUは文化，経済そして政治分野における勢力範囲を拡張しようとする性向を有しており，中央アジアにおいてもそれは例外でない。そのためもあって，中央アジアはアジア開発銀行（ADB）と欧州復興開発銀行（EBRD）の双方が操業している地域となっている。EU諸国は中央アジア諸国に，かなりの経済援助と技術協力を行っている。しかしビジネスにおいては他の勢力との厳しい競争にさらされているほか，権威主義的な政府を援助することを糾弾する国内の世論に手を縛られている。

　インド，イランそしてトルコも，中央アジアと強い歴史的つながりを持っている。ソ連崩壊後，これら諸国はそうしたつながりを復活させようとしているが，彼らの力はまだ限られている。日本の経済援助はクルグズスタン，タジキスタンおよびウズベキスタンでは大きな役割を果たしているが，日本が中央アジアに関与することは日本社会の中で広い理解と支持を得ているわけではない。それに日本は，中央アジア地域の政治・安全保障の問題では大

したウェイトを持っていない。

　したがって，ウズベキスタンとロシアの間の再接近が中央アジアの政治地図を大幅に書き換えた後でも，中央アジアでは「グレート・ゲーム」と呼ばれるに値する現象は起きていない。この地域では，中央アジア諸国自身がパートナーを選ぶ権利を保持しており，参入は自由である。

7　小泉総理の中央アジア訪問

　2006年6月，「中央アジア＋日本」の第2回外相会合が東京で開かれた。トルクメニスタンは参加しなかったが，今回はアフガニスタンが参加した。これは上海協力機構の首脳会議のわずか1週間前に開かれたため，日本の積極性はいくつかの外国マスコミの関心を引いた。

　それから間もなく，小泉総理は外務省に対し，中央アジア訪問を準備するよう指示を下した。当時，彼の米国への送別訪問が迫っていたが，ほぼ同等の重要性を持つ中国，韓国へは靖国神社問題で行くことはできなかった。他方，日本の総理がまだ行ったことのない中央アジアは国民の目には新鮮に見えるだろうし，親日的な中央アジア諸国で歓迎されることは確実だった。中央アジアを彼の最後の外遊地に選んだのは，理由のないことではなかったのである。

　小泉総理の訪問自体は8月28日から30日までにアスタナ，タシケント，サマルカンドを訪れただけの短いものだった。小泉総理はウランを含むエネルギー資源への関心を表明し，日本の企業が既に行っている諸案件への高い評価を口にしたが，「小切手外交」はしなかった。それでもこの訪問は，「中央アジア＋日本」が体現する政策の頂点となった。

　小泉訪問の1カ月前，8月初めには米国のリチャード・バウチャー国務次官補がウズベキスタンを訪れていた。その訪問から間もなく，2005年5月のアンディジャン事件の際に米国に亡命していた難民がウズベキスタンに返された。彼らは故郷で何も迫害されなかったようである。EUも8月末にハイレベルの代表団をウズベキスタンに送ってきた。これらの動きは別に緊密

に調整されていたわけではないが，西側諸国の対ウズベキスタン姿勢が微妙に好転していることを示していた。

　小泉総理の訪問は，もう一つの前向きな動きと時期的に一致した。それは2006年9月2日にカザフスタン，クルグズスタン，タジキスタンおよびウズベキスタンの指導者がアスタナでCACOの非公式首脳会談を開き，地域内協力増進のテンポを速めることを発表したのである。CACO首脳会議は2004年，ロシアを加盟国として以来，開かれていなかった。この会合後，カリモフ大統領はカザフスタンを公式訪問し，ナザルバエフとの個人的な友情をプレーアップしてみせた。

8　麻生外相の「自由と繁栄の弧」構想

　安倍晋三内閣の麻生太郎外相は2006年秋，「自由と繁栄の弧」構想を打ち出した[8]。それはブッシュ政権の第1期に使われた「不安定の弧」という表現を裏返したものである。この構想はバルト諸国からバルカン，コーカサス，中近東から中央アジア諸国までの地域，つまりオスマン帝国，オーストリア・ハンガリー帝国，そしてソ連が崩壊した後に生じた力の真空に位置する国々を対象とするものだった。米国は，これらの諸国はテロの温床になりかねないとして，特別の注意を向けるよう求めていた。

　麻生外相は，この概念をネガティヴなものから肯定的なトーンを持つものに変えた。日本はこれら諸国との関係を強化することによって，政治的安定性と経済開発を助けようとしたのである。日本は当時，この構想の目的として3つのことを挙げていた。一つは，日本は性急なアプローチをとるものではないとしても最終的には民主主義と自由をこの地域に実現すること，2番目は「不安定の弧」を「自由と繁栄の弧」に変えることによって対米協力の実を挙げること，3番目は自由と民主主義の価値観にまだ欠けている中国と日本の対比を際立たせることができるということだった。

　安倍内閣が早期に崩壊した後，この概念は使われなくなった。しかし，日本の対中央アジア外交の本質は変わらなかった。

9　中央アジアの独立，安全，発展の強化に向けて

　現在，中央アジアの情勢はおおむね安定している。これら諸国の経済は国際商品価格の高騰やロシア，カザフスタンへの出稼ぎ者からの送金で成長した。しかしながらアフガニスタンでタリバン勢力が再び伸張していることと，中央アジア諸国にも世界の金融不況が押し寄せたことは，不安定化の兆候として懸念される。しかも中央アジア諸国の政府は権威主義的なままで，自由化の兆候は示していない。

　このような状況下，中央アジアについていくつかの中期的な目安を示してみたい。まず何よりも，「グレート・ゲーム」はもう必要ないということだ。関係諸国は中央アジアにおいて過度の支配欲を発揮するべきではない。中央アジアの独立と安定が維持されていれば，すべての関係国の利益は満たされるのだから。第二に，アフガニスタンの安定が切に求められているということである。これが実現されない限り，国境を接するウズベキスタン，タジキスタンそしてトルクメニスタンは外部の勢力に依存して安全を確保しなければならない。

　日本と他の諸国は，中央アジア諸国に対する経済援助を続ける必要がある。経済の発展は，民主化，経済改革等の基盤となる。現在，すべての主要国が「中央アジア＋日本」，「中央アジア＋EU」，「中央アジア＋米国」，あるいは上海協力機構のような中央アジア諸国との集団的な協議の場を有するようになっていることに鑑みると，これらフォーラムが共同会合を開き，中央アジアの重要性を世界に印象づけることも一案だろう。

　現在，石油景気で短期間にGDPを急増させ，世界のウラン埋蔵量の20％を有しているカザフスタンに対する，日本経済界の関心が高まっている。政府はこれを側面支援すると同時に，カザフスタンが中国，ロシアとも良好な関係を有し，2010年には欧州安全保障協力機構（OSCE）の議長国にもなるという，その政治力にも着目していくべきである。また，円借款を使ってのインフラ建設をさらに推進するべきである。

ウズベキスタンについても，ほぼ同様のことが言える。アンディジャン事件以後，若干後退した日本との関係を再活性化する必要がある。トルクメニスタン，タジキスタン，クルグズスタンとの関係も常に前進をはかっていかなければならない。

　欧米諸国民はともすると，中央アジアを軽視しがちである。だが中央アジアの文明は欧米文明よりはるかに古く，文明の起源の一つでさえあるかもしれない。中央アジアと日本の利益は，この地域の独立と発展を促進するということで完全に一致する。日本は中央アジア諸国の歴史と文化を尊敬しつつ，これからも関係を促進していくだろう。そしてそれは，世界全体の利益にもかなったことであろう。

注
1）この演説では対ロ外交も扱われ，「政経不可分」の原則が明示的に撤回された。それが同年11月クラスノヤルスクでの日ロ首脳会談，およびそれ以後の平和条約締結交渉につながるのである。
2）紹介したのは筆者ではない。
3）「川口外務大臣演説：日本の新たな対中央アジア政策に関するスピーチ『新たな次元へ：中央アジア＋日本』」〈http://www.mofa.go.jp/mofaj/press/enzetsu/16/ekw_0826.html〉．
4）中国の『環球時報』は一面トップでこの訪問を論評している。
5）その後中国は別途，タジキスタン政府に6億米ドルの借款供与を表明し，道路，トンネル等のインフラを建設している。
6）19世紀から20世紀初頭，インド洋への出口を求めるロシアに対して，インドの防衛を欲する英国が争い，中央アジアで激しい勢力争いを行ったこと。
7）中央アジアの人々のメンタリティーは儒教的なものとは対極的である。しかも，中国人で中央アジア諸言語はもちろん，ロシア語ができる者も稀である。
8）2006年11月30日，日本国際問題研究所セミナーでの麻生外相演説〈http://www.mofa.go.jp/mofaj/press/enzetsu/18/easo_1130.html〉。この構想については湯浅論文（第4章）も参照。

第3章 日本の中央アジアに対する関与をどう理解するか
――開発戦略の再評価

クリストファー・レン

　1997年に橋本龍太郎首相はユーラシア外交構想を発表し，ロシア，中国，そして中央アジア・コーカサス地域(所謂「シルクロード地域」)の新興独立諸国に対する，日本の外交政策の概要を描いてみせた[1]。その構想とは，これらの諸国の政治的経済的安定を育み，国際社会との統合を支援するため，日本は諸国との関係を改善し，協力を促進することによって平和なユーラシア大陸の確立に向けて貢献すべきだというものであった。橋本は演説の中で，「大西洋から」見た外交に替えて，「太平洋から」見た新しいユーラシア外交の展望を日本は描く時がきたとの考えを打ち出した。広い意味で言えば，この戦略は日本がアジアの国家として，ユーラシアの諸問題に影響を与える指導的な役割を担うことができるという考えを広めようとするものであった。

　本章は，日本の中央アジア外交に焦点を当てたものである[2]。この地域は，周囲を大国に囲まれており，豊富なエネルギー資源，そしてアジアとヨーロッパの出会う十字路としての戦略的な地理的位置により，しばしば不安定な地域であるとされてきた。ソ連崩壊後，中央アジア諸国の安定と独立は国際的に重要な問題であり続けてきた。橋本のユーラシア外交は，中央アジアおよびその近隣諸国であるロシアと中国への日本の関与を通じて，地域における安定の維持を支援することを主として試みたものであった。

　興味深いことに(そしておそらくは皮肉なことに)，その10年後，橋本によって言及されたこれらのユーラシア諸国[3]のほとんどは，日本が参加しな

い上海協力機構(SCO)の設立(2001年)によって互いの関係を改善し，地域協力を構築した。さらに言うと，橋本が中央アジアにおける域内協力の発展の重要性を強調したにもかかわらず，2004年に「中央アジア＋日本」イニシアティヴが樹立されるまで，日本と中央アジア諸国が参加する独自の地域的な多国間イニシアティヴを形成することに，日本は関心を示さなかったようである。

このイニシアティヴと，2006年の小泉純一郎首相による日本の首相として初めてのカザフスタンとウズベキスタン訪問は，対中央アジア地域政策の展開においてロシアと中国に追いつくことを目指したものとみなされた。また，中央アジアの安全保障や経済利害に関する分析においては，中国，ロシア，米国そして近隣アジア諸国にふつう注目がなされるのに対して，日本は大概見過ごされている。一例を挙げると，アジア近隣諸国によって中央アジア諸国がどのように影響されているかを検討した2006年のランド研究所(米国のシンクタンク)報告書は，中国，イラン，アフガニスタン，インド，パキスタンの役割と，これらの諸国の利害が米国に対して持つ意味を検討しているが，そこでは日本への言及はないのである[4]。

日本の中央アジア戦略の重要性とは，いったいどのようなものであろうか。この問題に答えるために，日本の関与戦略と，この地域において日本が果たす役割を検討してみよう。その過程で，地域における日本の外交活動の概観とともに，日本の地域戦略とその含意についても明らかにしたい[5]。

1　日本の中央アジア外交の概観

中央アジアに関する日本の外交上の動機と活動は，中央アジアへの初期の参入(第1段階：1992〜1997年)に始まり，橋本首相のユーラシア外交(およびその一部としてのシルクロード外交。第2段階：1997〜2004年)，そして「中央アジア＋日本」イニシアティヴに関係する現行の第3段階(2004年〜現在)という諸段階を経てきたものと説明されうる。

(1) 第1段階：1992～1997年

ソ連崩壊に伴い，日本は旧ソ連の新興独立諸国，特にロシアと関わり合う機会を得た。日本は北方領土(南クリル諸島)をめぐる積年の領土紛争を解決するという希望があったし，日本のエネルギーの多角化戦略に役立つであろう豊富なエネルギー資源をロシア極東が有するということも認めていた。しかしながら，領土問題にはほとんど進展が見られなかったため，代わりにやはり資源の豊富な中央アジアの新興独立諸国へ注目を向けることを日本は決めたのであった[6]。

そのもう一つの動機とは，いまだまともに開発されていないロシア極東・東シベリアの鉱床とは異なり，トルクメニスタンやカザフスタンは既に石油・天然ガスの輸出国であったことである。また，日本の通産省は，輸入エネルギー資源の多角化のため，石油に比べてよりクリーンな資源とされる天然ガス利用を促進していたからである[7]。中央アジアから中国を経由して日本に至る石油・ガスパイプラインの建設が議論の対象になり，中央アジア諸国との関係強化の補足的な理由となった。国際的には，日本は中央アジアの新興諸国の脆弱さを認識しており，戦闘的なイスラーム原理主義者の脅威に対抗する各国の新政府を支援したかったのである。中央アジア地域に対するある程度のロマンティシズムや[8]，第二次世界大戦後に中央アジアへ日本兵が抑留者として連行されたことについての自覚的な感傷もあった[9]。

もっとも，日本の中央アジアへの関心はより大きな文脈において理解されるべきである。1990年代初め，欧米の東欧やロシアに対する外交的な取り組みの中で，「欧州大西洋共同体」「バンクーバーからウラジオストクまで」といった表現がなされていることや，冷戦後のNATO(北大西洋条約機構)拡大計画を日本は意識した。孤立を避けるためには，国際的な場においてより積極的でなければならないと日本政府は自覚したのである。さらに，日本の戦略的環境，特にロシア・中国との関係に対する否定的な影響を最小限に抑えるうえでは，東欧とロシアに欧米が外交上の焦点を当てていることに対して，釣り合いをとる必要があった。まさにこの時，日本はユーラシアとく

に中央アジアの新興独立諸国に焦点を当て，そこでの自国の外交上の特別な役割を切り開く機会を見出したのであった[10]。

　1992年4〜5月，渡辺美智雄外相は中央アジアを訪れ，開発援助という形でのこれら新興諸国への支援を開始した。そして日本は，これらの諸国が欧州復興開発銀行(EBRD)の構成国であったにもかかわらず，アジア開発銀行(ADB)にも加入できるように働きかけた。前例のない取り決めであったが，こうして中央アジア諸国は双方の銀行から貸付を得ることができたのであった。ビジネスへの参加に関して言えば，日本企業は大規模な合弁会社を設立して採掘権を確保しようとした。例えば，1992年に三菱商事は，トルクメニスタンからカザフスタンを経由し中国西部のタリム盆地に至る，7000 kmに及ぶ天然ガス・パイプラインの実行可能性調査を行う計画を立て[11]，エクソン社のエッソ中国法人と中国石油天然ガス集団公司(CNPC)とともに予備調査を始めた[12]。翌年，同じように石油公団(JNOC)は，トルクメニスタン，ウズベキスタン，カザフスタンでの石油・ガスの商業生産に関する本格的な実行可能性調査を行うと発表した[13]。1995年には，1992年に報じられた予備調査に基づいて，トルクメニスタンからタリム盆地を経由し中国・韓国を通り日本に至るガス・パイプラインについての追加調査が，三菱商事，エクソンおよび中国石油天然ガス集団公司によって1995年9月に行われると報道された[14]。この計画は「エネルギーのシルクロード計画」と呼ばれた[15]。

　こうした中国経由でのエネルギー・パイプラインの連結案は，冷戦後の環境において，ロシアに対するカウンターバランスのために中国を引き込もうとする試みとして理解されよう。これは，冷戦後初期の新しい環境における，中国に対する日本の開放性と協力的な態度を示していたのであり，中国の中央アジア地域への参入に対するバランスをはかる必要性に傾斜しがちな現在の心情とは異なり，日本の中央アジア諸国に対する外交的な取り組みの中で中国が重要な潜在的パートナーとして見られていた時期を反映している。注目されるべき別の点として，日本企業によるこれらの調査は，中央アジアとの交流が援助のみにならないように，この地域の経済的な可能性と持続可能性を日本が検討しようとしていたことを示している。

(2) 第2段階：1997〜2004年——橋本首相のシルクロード外交

　1997年までに，日本と中央アジア諸国の関係は友好的となっていたものの，商業的な進展，なかでもエネルギー部門での関係は限定的であった。経済同友会での演説において，橋本首相が日本の新しいユーラシア外交について概要を述べたのはこの時であった[16]。

　1997年までに，日本の政治指導者や外交官は，冷戦後の北東アジアにおける安定した秩序を確立する努力の一環として，ロシアと関係を改善する必要性を理解していた。これは，中国の台頭がアジアにおける勢力の均衡を変え始めていたことにもよる[17]。日本政府はその時点までに国際的な安全保障の文脈における中央アジアの戦略的重要性の高まりを認識しており，アジアの国家としてユーラシアにおいてより積極的な役割を果たそうとしていた。1997年12月に，経団連特別顧問で元駐ロシア大使の渡邊幸治は，中央アジアの地政学的重要性についての日本の認識を改めて強調し，その根拠をより詳しく述べた。「中央アジア諸国の発展はユーラシア大陸にとって重要である」。ロシア，中国，イランとアフガニスタンといった国際政治上重要な役割を担う諸国に囲まれているため，「〔中央アジア〕諸国が平和維持のために緩衝地域としての役割を果たすことが望ましいからだ」と公言したのである[18]。

　橋本首相は演説の中で，カスピ海地域はその豊富な石油・ガス資源により，世界のエネルギー供給において影響を増しているとの認識を示した。このように中央アジアに対する日本の関与はエネルギー部門を含むが，そうした関与は日本にとっての目的であるというよりはむしろ，中央アジア地域の繁栄を促進する手段であった。このような態度が示された理由の一つは，日本が地域におけるエネルギー利害関心を実現させることは，地域のインフラが貧弱であるため困難だということを認めるに至ったからであった。中央アジアから輸出される資源は，地域的に隣接しているがゆえに，ロシアや中国へより簡単に短距離で輸送しうる。対照的に，中央アジアの資源を自国と結びつけようという日本の野心は，同地域が内陸であるがゆえに，経由地のいくつ

もの国々の協力を要する。このことが，中央アジアでの日本の資源開発と多角化戦略に影響を及ぼしたのである。

橋本はまた，ユーラシア地域における流通・通商経路としてシルクロード地域が潜在的に重要であるとも述べ，それがゆえに，日本は中央アジア自体における通信，運輸，エネルギー網に関して地域統合を支援することに焦点を当てるとした。これは，この地域が発展し外国からより多くの投資を呼び込むためには，投資家にとってより大きな市場を作るべきであり，中央アジアは地域経済を形成する必要があるという考えである。中央アジア地域のための日本の青写真とは，地域諸国をより一層統合するためにさまざまな方法を検討することであり，打ち出された戦略は，政治対話や，経済協力・資源開発協力の促進，基本的な輸送・通信インフラの改良，地域内協力の加速，平和構築（人材育成，環境保全支援を含む）であった。

(3) 第3段階：2004年〜現在
―― 「中央アジア＋日本」イニシアティヴと「自由と繁栄の弧」

シルクロード外交が立ち上げられた1997年以降，中央アジアの戦略的環境には急激な変化が生じた。最も重要な出来事は，1996年に開始された上海ファイブ・プロセスの発展形として，2001年に上海協力機構（SCO）が結成されたことである。中央アジアのみならずユーラシアにおいてその地位を確立しようとする上海協力機構は，顕著な制度的進展を見た。そして共通の政治・安全保障上の責務により中国と中央アジア諸国の間の信頼を改善する基盤を提供したのみならず，中国とロシアの戦略的協力の舞台としての役割を果たした。機構の加盟国拡大について語るのは時期尚早ではあるが，周辺諸国のオブザーヴァーとしての参加（イラン，インド，パキスタン，モンゴル），そしてSCO・アフガニスタン連絡グループの設立は，より広いユーラシアの文脈において機構を際立たせようとするダイナミックな野心の現れであり，場合によっては米国やその自由主義同盟国が参加しない地域ブロックを形成しようというものである。上海協力機構は目下のところ欧米や日本に対する直接的な脅威とはなっていないものの，この地域ブロックがロシアや

中国の利害関心に資する圏域の排他的な確立や，米国・欧州・日本の利害関心にとって有害である，中央アジアでの専制的な価値観の強固化につながるような発展を遂げかねないという懸念がある。

上海協力機構の枠組みの外でも，ロシアは自国の裏庭と考える中央アジアの保全のため，そして中央アジアの石油・ガス資源を通じてエネルギー「超大国」としての地位を確立するために，二国間や地域的な取り組み[19]によって，再び主張を強め始めている。同様に，中国はエネルギー協力と通商面で，二国間関係を通じて中央アジア諸国に活発に関与しようとしている。中国は日本と比べて，資源協力に関してより飛躍的な進歩を遂げた。

冷戦後の環境について述べる他に，9.11事件後の課題や，それが日本の中央アジアに対する見方にどのような影響を与えたかについても述べておきたい。ニューヨークにおける9.11事件の攻撃を受けて米国がタリバンを排除した後，アフガニスタンは再建の途上にある。中央アジアの安定は特に対テロ，宗教過激主義，不法な麻薬取引といった分野において，アフガニスタンの国家建設の努力と深く結びついている。日本が，アフガニスタンの復興においてより積極的な役割を果たし，中央アジアのために新しい関与の計画を展開しようとしたのは，まさにこの文脈においてのことであった[20]。また，中央アジアに隣接する諸国，特にイラン，インド，パキスタンは（その成功の程度はさまざまであるものの），いずれも外交，通商，輸送，エネルギー網の問題を通して中央アジア諸国の政府と関係を結ぼうとしてきた[21]。

2006年の麻生太郎外相による演説によれば，教育，保健，インフラ（道路，空港，発電所など）整備や人材育成にわたる日本の中央アジアに対する政府開発援助（ODA）は，2004年度までに2800億円（25億米ドル超）に達した。日本のODAは，経済協力開発機構（OECD）の開発援助委員会（DAC）を構成する主要国による中央アジア向け政府開発援助の，およそ3割にのぼると言われる。政府高官の往来は増加し，同地域との貿易額は1991年時点の7倍に当たるとされる[22]。

次に，日本の現在の中央アジア政策をより詳しく検討するにあたり，いくつかの出来事について述べるべきだろう。

a.「中央アジア＋日本」

「中央アジア＋日本」イニシアティヴが開始された2004年は，日本にとって重要な画期となった。外務省の2005年度ODA白書によれば[23]，日本の対中央アジア政策は現在，2本の柱に基づいている。それは，①中央アジア各国との二国間関係を引き続き増進し，緊密化する努力を一層強化すること，②中央アジア諸国のさらなる発展のために地域内協力を促進することなどを目的に中央アジア地域全体との対話を進めること，である。オブザーヴァーとしてトルクメニスタンも加えて中央アジア5カ国すべてを含むこのイニシアティヴは，第二の柱を「具体化するものとして」立ち上げられたと述べられた[24]。

「中央アジア＋日本」は，「多様性の尊重」「競争と協調」「開かれた協力」という基本原則を持ち，「多様性の尊重」という点では文化と文明の相互理解の深化の重要性を構成国が強調している[25]。実務面では，このイニシアティヴは5つの柱からなる関与のあり方を追求している。①政治対話[26]，②地域内協力[27]，③ビジネス振興，④知的対話，そして⑤文化交流・人的交流である。カザフスタンのアスタナにおける2004年8月の初回会合において，外相たちの間ではアフガニスタンの復興，不法薬物，テロリズム，環境，エネルギー，水，運輸，貿易と投資といった地域的課題に取り組むうえで地域内協力の重要性が強調された。

その本質において，「中央アジア＋日本」イニシアティヴは，1997年に始められたシルクロード外交の延長である。日本による中央アジアへの外交的取り組みが，以前は主として二国間の性格のものであったのに対して，現在のイニシアティヴは最近の事態の展開を踏まえて多国間的であり，リージョナルな規模のものである。

1990年代に立ち上げられた他の地域的イニシアティヴに比べて，日本の試みは，域内協力のアイデアが1997年に橋本首相によって初めて述べられたものであることを考えると，幾分出遅れているようにも見える。実は，「中央アジア＋日本」イニシアティヴの発表の1カ月前に，アジア開発銀行は中央アジア地域協力に関する報告書を公表しており，そこで中央アジア諸

国はあまりに多くの地域機構に関わっており，これは逆効果を生んでいると指摘していた[28]。具体的には，次のようにである。

> [中央アジア諸国]とその近隣および遠方の諸国が参加する地域機構の重複は，この地域における限られた管理・決定能力を浪費する傾向があり，地域協力に関するやや冷笑的な態度を招いたように思われる。より重要なことに，これら地域協力のイニシアティヴを通じては，何らの相乗効果も生まれてこなかったのである[29]。

それでもなお，日本のイニシアティヴは中央アジア諸国政府によって歓迎された。なぜならば，日本の努力や貢献は政権維持，経済成長と国家の自立といった中央アジア諸国政府の主要な目標にかなうものであったからである[30]。中央アジアにおける日本の関与を強化したこのイニシアティヴのタイミングに関しては，1997年以降の中央アジアの戦略的環境の急激な変化に対応したものであったと言える。日本の研究者による補足的な説明としては，中央アジア研究に関する知的コミュニティの出現により，この時期にイニシアティヴが生まれたというものがある。学界，調査団体や政府機関における中央アジア専門家の数は1990年代以降増加し，現在は成熟を迎えている。2004年までに，日本の研究者と政府高官の間では，中央アジア各国との二国間関係に加えて，地域的課題に取り組むうえでは多国間アプローチを通じて中央アジア諸国政府との関係を強化しなければならないとの合意が形成され始めていたのである[31]。

b．小泉首相の中央アジア訪問と「自由と繁栄の弧」

2006年に日本は中央アジア地域に対するより大胆で積極的な態度をとるようになり，いくつかの出来事にそれが反映されている。「中央アジア＋日本」の枠組みによる東京での第2回外相会合を翌週に控えた2006年6月1日，麻生外相は中央アジアに関する外交方針演説を行い，中央アジアに対する過去・現在・将来の関与のあり方について概要を述べた。この演説の中で，彼は次のように明言した。

> しかし言うまでもないことながら，今は帝国主義の時代ではありません。「新グレートゲーム」の結果，中央アジアが諸外国の都合に翻弄された

り，服従を強いられるというようなことは，あってはならないことです。
主役はあくまでも，中央アジア諸国自身です[32]。

2006年8月に，翌月辞任する予定であった小泉首相はカザフスタンとウズベキスタンを訪問したが，これはエネルギー資源を確保し，この地域での中国やロシアの影響に対抗する試みであるとみなされた[33]。

小泉首相の勇退の後，安倍晋三首相の新政権の下で続投した麻生外相は2006年11月にもう一つ重要な演説を行い，日本外交の新しい基軸を提示した。外相は，ユーラシア大陸の外縁に（中央アジアを含めた）「自由と繁栄の弧」を建設し，「新興の民主主義国」を支援する新しい戦略について語った。この新しい外交政策は民主主義，自由，人権，法の支配，市場経済といった普遍的価値を強調するものである[34]。しかし，2007年7月の参議院選挙で自由民主党が大敗北を喫した後，8月に安倍首相が内閣改造を行った際，この枠組みは早くも終了した。麻生は外相を解任され，自民党内の別派閥を率いる町村信孝は「自由と繁栄の弧」の枠組みを継続しなかった[35]。

2　日本の外交的取り組みを理解する

この章は中央アジアにおける日本の役割の重要性を問うことから始まった。以上，中央アジアに対する日本の関与を概観してきたが，それをどのように解釈すべきだろうか。

(1)　日本をロシアおよび中国と比較する

まず，日本の中央アジアとの関わりのあり方をロシアや中国のそれになぞらえてはならないと言える。日本がロシアとの領土紛争の解決を目指してきたのと同じように，上海協力機構の前身である上海ファイブは，中国と中央アジア諸国およびロシアとの国境紛争を解決する手段として始められた[36]。その成功が信頼醸成プロセスの一環としての上海協力機構の創設につながり，地域を実際に安定化させている。このように，相互作用の性格も，結果として展開されたものも異なるのである。

また，中央アジア地域と国境を接するロシアと中国は，日本とは異なる一連の優先事項を持つことが指摘されてよい。近隣の両国は，日本よりも安全保障面での関与を織り込む必要があるからである。ロシアと中国はまた，テロリズムから戦闘的イスラーム原理主義，不法な麻薬取引，社会経済開発の課題に至るまで，中央アジア諸国と同じような政治的・安全保障上の責務を共有する。また，内陸地であることは，中央アジア諸国政府が対外的関与の戦略として，より広範囲で内在的な関係を中ロ両国と築く必要があることを必然的に意味する。

　それに対して，日本は異なる優先事項を有している。ロシアと中国が自国の経済・安全保障上の利害関心を中央アジアに結びつける手段としてこの地域に進出しようとしているのとは対照的に，日本は中央アジアを開かれた地域として世界とつなぐ全般的な意向を持っている。戦略の不一致という要素はあるかもしれないが，日本の戦略はそれ自体としては，ロシア・中国のこの地域への関与を損なうためのものではない。中央アジア諸国自身を除けば，この地域の開発に対する日本の貢献による最大の受益者は，ロシアと中国両国なのである。日本の対中央アジア開発戦略(市場経済の実現，人材育成，そして特に輸送・通信部門における基本的インフラの改善を含む)は，実は「公共財」というべきものであり，ロシア・中国も利用できるものである。

(2) 見過ごされてきた日本の開発戦略

　中央アジアは東欧とは異なり，市場経済への移行において，そうした経済システムに関する歴史的な経験を持たず，より発展した経済を有する国家に隣接してもいないため，より大きな課題を抱えていることを日本の官僚は理解している。このため，日本の関与は市場経済に向けた経済開発，制度構築，人材育成，そしてこの地域を世界につなぐためのインフラへの投資に基礎を置いている[37]。この文脈において，日本の政策の成功をその貢献に基づいてのみはかるのは不当である。なぜならば，中央アジア諸国の近代化の究極的な責任は，各国政府にあるからである。日本は支援を申し出ることはできるが，自国の条件や意思をこれらの諸国に強要することは，むろんできない。

次の論点は，中央アジアにおける日本の活動をメディアがどのように描いているかについてのものである。中央アジアの文脈において外部のアクターについて語られる時，日本の役割は報道では見過ごされがちであり，その重要性はよく理解されていない。これは，この地域の外部アクターに関する多くの分析が，「開発」面の貢献ではなく，「地政学的」局面に焦点を当てているためである[38]。日本の対中央アジア政策が，一般の目から見てロシアと中国ほど目立たない理由の一つはこれである。小泉の中央アジア訪問中，欧米の報道の焦点は，日本がこの地域における中国とロシアの影響に対抗し，資源を確保する意図を持っているというようにゆがめられていた[39]。これらの要素は日本外交の算盤勘定にはあるかもしれないが，日本にとって最も顕著で重要な優先事項であるこの地域に対する開発支援の主要な戦略は，概して見過ごされている。

日本の動機やこの地域に対する顕著な貢献は，日本人研究者でない者の間では，十分に広く理解されておらず評価もされていない。中央アジアに対する日本の政策は，怠惰なものでもなければ，下手な地政学的操作による結果でもない。そうではなく，戦略的な含蓄のある，地味ではあるものの与える影響の大きい開発政策として理解されるべきである。

結　論

中央アジア諸国がソ連の崩壊とともに独立を達成した現在，日本の戦略はこれら諸国の独立性の主張を支援することにある。日本は中央アジアを戦略的な地域として認識するのみならず，中央アジア各国自身が戦略的役割を担いうると考えている。中央アジアを緩衝地域として考えるのをやめて，この地域がユーラシア大陸における安定の維持のための重石となるために日本がどのように支援しようとしているかについて先をよむことによって，日本のヴィジョンはより明らかになる。

日本の中央アジアとの関与に誤りや過失がなかったとは言えない。だが，日本のこの地域に対する恵み深い態度と気前のよい財政的な貢献は，日本が

「新しいグレートゲーム」におけるプレイヤーであることを意味してはいない。中央アジアの外部との関わりの重要性を認識している日本は，中央アジア諸国のパートナーとして理解されるべきである。したがって，中央アジア諸国政府が「中央アジア＋日本」イニシアティヴを歓迎したのは驚くにあたらない。

　中央アジアにおいて取るに足らない経済的利害しか持たないにもかかわらず，日本のような国が，この地域の投資受け入れ能力の向上にこれほどまでに貢献しているのは賞賛に値する。中央アジアにとっての日本の重要性を理解するもう一つの方法は，日本の財政援助なしでは中央アジアがどのようになっていただろうかと想像してみることである。政治的な関与に関して言えば，民主主義・人権の面での履歴が悪いこの地域の政権と関わることは，欧米にとってはより困難である。この文脈においては，ロシアと中国を越えて世界の他の国々とこの地域との関係を発展させる手助けをするために，中央アジア諸国の指導部とも関わっていこうという日本の努力は，アジアの国家による重要な貢献として認識されるべきであり，支持されてよい。

　将来を展望すると，日本の対中央アジア政策の「次の段階」は，開かれた地域主義の理念に基づいて継続されるべきだと言える。しかしながら，その際には，中央アジア諸国のみならず，ロシアと中国，米国と欧州に関わっていく方法を日本政府は考えなければならない。ユーラシア外交提唱から10年経って，橋本の示した定式は今も変わらず今日的な意義を持ち続けている。

（英語から須田将訳。原題は"Understanding Japan's Central Asian Engagement"）

注

1) Address by Prime Minister Ryutaro Hashimoto to the Japan Association of Corporate Executives (Provisional translation), July 24, 1997 ⟨http://www.kantei.go.jp/foreign/0731douyukai.html⟩.
2) 日本の「シルクロード外交」が中央アジアとコーカサスを対象としているのに対して，本章では中央アジア諸国のみを扱う。コーカサスにおける日本の外交活動をより詳しく知るためには，ひとまず次の文献を参照されたい。Michael Robert Hickok, "The Other End of the Silk Road: Japan's Eurasian Initiative," *Central Asian*

Survey 19, no. 1 (2000), p. 22; Irina Komissina, "Will Japan and the Caucasus be Linked by the Silk Route?" *Central Asia and the Caucasus*, no. 3 (15) (2002), pp. 27-37.

3) 上記のとおり、コーカサス諸国は含まない。

4) Rollie Lal, *Central Asia and Its Neighbors: Security and Commerce at the Crossroads* (Santa Monica, CA: RAND Corp., 2006).

5) 本章の一部は、以前に出版された雑誌論文において発表されたものである。Christopher Len, "Japan's Central Asian Diplomacy: Motivations, Implications and Prospects for the Region," *The China and Eurasia Forum Quarterly* 3, no. 3 (2005), pp. 127-149. 記述の重複は可能な限り避けた。本章の構造は前の論文とある程度似通っているが、本章での分析は前論文に存在していたいくつかの空白を埋めるもので、最新情報や更新情報を含む。このため、本章と前論文は相互補完的に読まれたい。

6) Clayton Jones, "Japan Diverts Aid to Central Asia in Bid for Strategic Edge," *Christian Science Monitor*, October 20, 1992, p. 3. 小倉和夫・外務省経済局長はエネルギー問題のシンポジウムにおいて、日本はシベリア油田に基本的な関心を持っているものの、日ロ両国間の領土問題を考えると「ロシアに対して〔日本が〕協力できることには限りがある」と語ったとも報道されている。日本の高官たちは、中央アジア諸国との新しい関与においては政治的障害がより少ないと考えたのである。Lisa Twaronite, "Japanese Expected to Shun Siberia, Focus Hunt for Oil on Central Asia," *Journal of Commerce*, February 8, 1993, sec. B, p. 6.

7) Mehmet Öğütçü, "Eurasian Energy Prospects and Politics," *Cemoti* 19 (1995), p. 23.

8) 橋本首相のユーラシア外交演説の中にさえも、中央アジアについてのノスタルジックな言及があった。「我が国にもシルクロードに由来するこの地域に対する郷愁に似た感情があり」というものである。

9) ウズベキスタンには旧日本兵抑留者817人が埋葬されている。Aleksei Volosevich, "Eight Hundred and Seventeen Japanese, WWII POWs, Are Interred in Uzbekistan," *Ferghana.ru*, August 28, 2006 〈http://enews.ferghana.ru/article.php?id=1571〉.

10) Reinhard Drifte, "Japan's Eurasian Diplomacy: Power Politics, Resource Diplomacy or Romanticism," in Shirin Akiner, ed., *The Caspian: Politics Energy and Security* (London: RoutledgeCurzon, 2004), pp. 278-294.

11) "Mitsubishi to Study Gas Pipeline for Central Asia," *Yomiuri News Service*, December 28, 1992, p. 6.

12) Jonathan Standing and Steve Stroth, "Exxon, Others to Study Asian Pipeline Project," *The Houston Chronicle*, August 23, 1995, p. 1.

13) "Japan Seeks Output of Oil, Gas in Central Asia States," *The Daily Yomiuri*, March 31, 1993, p. 6.

14) Standing and Stroth, "Exxon, Others to Study," p. 1.
15) Kuen-Wook Paik, *Gas and Oil in Northeast Asia* (London: Royal Institute of International Affairs, 1995), p. 186.
16) Address by Prime Minister Ryutaro Hashimoto to the Japan Association of Corporate Executives, July 24, 1997.
17) この点を指摘して頂いた宇山智彦教授に感謝する。
18) "Central Asia Should Serve as Eurasian 'Buffer Zone'," *The Daily Yomiuri*, December 5, 1997, p. 15.
19) 特に，集団安全保障条約機構(CSTO)やユーラシア経済共同体(EurAsEC)を挙げることができる。
20) Yuasa Takeshi, "Japan's Multilateral Approach toward Central Asia," in Iwashita Akihiro, ed., *Eager Eyes Fixed on Slavic Eurasia*, vol. 1, *Russia and Its Neighbors in Crisis* (Sapporo: Slavic Research Center, Hokkaido University, 2007), pp. 75–77.
21) Lal, *Central Asia and Its Neighbors*.
22) Speech by Mr. Taro Aso, Minister for Foreign Affairs, "Central Asia as a Corridor of Peace and Stability," June 1, 2006 〈http://www.mofa.go.jp/region/europe/speech0606.html〉.
23) *Japan's Official Development Assistance White Paper 2005* 〈http://www.mofa.go.jp/policy/oda/white/2005/index.htm〉.
24) "Central Asia and the Caucasus," in *Japan's Official Development Assistance White Paper 2005* 〈http://www.mofa.go.jp/policy/oda/white/2005/ODA2005/html/honpen/hp202030300.htm〉.
25) 東京での「中央アジア＋日本」共同宣言，2006年6月5日。
26) 中央アジア非核地帯や，国連安全保障理事会への日本の常任理事国としての加入などに関する，参加国相互および国際場裡における協力を通じた対話である。
27) これは，次を含む。①テロリズム・麻薬対策，②特にタジキスタンとクルグズスタンにおける対人地雷の処理，③貧困削減，④保健・医療，⑤環境保護，⑥自然災害の予防と縮小，⑦エネルギーと水資源，⑧貿易と投資，⑨運輸。
28) 中央アジア諸国が関与しているさまざまな地域イニシアティヴに関して大まかに紹介すると，次のとおり。地域独自のイニシアティヴやグループとしては，中央アジア5カ国によって相互署名された二国間の恒久友好条約，および当初中央アジア同盟として発足した中央アジア協力機構(CACO)がある。域外に由来するイニシアティヴないしグループは，2つに分けられる。①旧ソ連諸国のみによって形成されたもの。独立国家共同体(CIS)，ユーラシア経済共同体(EurAsEC)，GUUAM[訳注：現在はウズベキスタンが脱退してGUAMとなったため中央アジアを含まない]，単一経済圏，ロシアとの戦略的パートナーシップ合意。②旧ソ連諸国以外を含んで形成されたものとしては，アジア相互信頼醸成措置会議(CICA)，欧州安全保障協力機構(OSCE)，

上海フォーラム／上海協力機構(SCO), 経済協力機構(ECO), テュルク協力機構, カスピ海協力機構, NATO 平和のためのパートナーシップ(PfP)／欧州大西洋パートナー理事会(EAPC), アジア開発銀行の中央アジア地域経済協力(CAREC), EU の対中央アジア協力プロジェクトとしてはパートナーシップ協力協定(PCA), 中央アジア国境管理プログラム(BOMCA), ヨーロッパ・コーカサス・アジア輸送回廊(TRACECA), 国家間石油・ガス輸送(INOGATE)。

29) *Regional Cooperation Strategy and Program for Central Asia Regional Economic Cooperation (CAREC) Member Countries 2005-2007* (Asian Development Bank, July 2004), p. 4, Appendix 3 〈http://www.adb.org/Documents/CSPs/CAREC/2004/default.asp〉.

30) これらの3つの目標にどのように日本が合致しているかについては, 次の論文が詳述しているので参照されたい。Christopher Len, "Regional Cooperation in Central Asia and Japan's Belated Regional Initiative," in Anuradha M. Chenoy and Ajay Patnaik, eds., *Commonwealth of Independent States: Energy, Security and Development* (New Delhi: Knowledge World (KW) Publishers, 2007), pp. 150-152.

31) Yuasa, "Japan's Multilateral Approach," pp. 77-80.

32) Speech by Mr. Taro Aso, "Central Asia as a Corridor of Peace and Stability."

33) "Koizumi Begins Central Asia Visit," *BBC News*, August 28, 2006 〈http://news.bbc.co.uk/1/hi/world/asia-pacific/5291858.stm〉. また, 次も参照。Breffni O'Rourke, "Central Asia: Japanese Premier Visits Energy-Rich Region," *RFE/RL*, August 27, 2006 〈http://www.rferl.org/content/article/1070859.html〉.

34) Speech by Mr. Taro Aso, Minister for Foreign Affairs on the Occasion of the Japan Institute of International Affairs Seminar "Arc of Freedom and Prosperity: Japan's Expanding Diplomatic Horizons," November 30, 2006 〈http://www.mofa.go.jp/announce/fm/aso/speech0611.html〉.

35) ここではこの枠組みに関して詳述しないが, 日本外交の一基軸としての「自由と繁栄の弧」については, 湯浅論文(第4章)による詳しい分析を参照されたい。

36) 国境係争の処理における上海ファイブの役割については岩下論文(第7章)を参照。

37) これは, 国際協力機構(JICA)が対中央アジア戦略として採用している姿勢とアプローチである。次のJICAのウェブサイトを参照。〈http://www.jica.go.jp/english〉.

38) "Central Asia: Governance, Geopolitics and Developmental Challenges," Briefing Paper, Overseas Development Institute, May 2007 〈http://www.odi.org.uk/publications/briefing/bp_may07_central_asia.pdf〉(2007年8月20日閲覧)。

39) "Koizumi Begins Central Asia Visit," *BBC News* 参照。また, O'Rourke, "Central Asia: Japanese Premier Visits Energy-Rich Region" も参照。

第4章 ユーラシアへの「価値の外交」は定着するか
―― 「自由と繁栄の弧」構想とその後

湯 浅 　 剛

　2006年，日本外務省は「日本外交の新基軸」として「自由と繁栄の弧」(以下，「弧」)の形成を打ち出した。そこには2つの意味が込められていた。まず，ユーラシア大陸の外周に沿った一帯において，民主主義その他の「普遍的価値」を基礎とする豊かで安定した地域を作る，という対外政策構想としての側面。もう一つは，そのようにして作られる地域――東南アジア諸国連合(ASEAN)，中央・南アジア，中東，環黒海，中・東欧地域――の呼称としての側面である[1]。いずれにしても，日本から見たユーラシアへの理解の一例として内外から注目された。しかし，後述するように，2007年9月，政権が安倍晋三から福田康夫に移り，構想としての「弧」は後退したかに見受けられた。同時に，地域概念としての「弧」も今やほとんど語られることはなくなった[2]。

　構想としての「弧」は「価値の外交」を強調した。日本の対外政策において価値が本格的に重視されるようになったことは，注目すべき傾向である反面，政策として慎重であるべき側面もあった。20世紀前半の戦間期，E. H. カーが『危機の20年』でユートピアニズムとリアリズム，道義と権力の相克を指摘したように，「価値の外交」ばかりを強調するだけでは，国際政治で日本が達成できる事柄は限られるだろう。

　「弧」構想で注目すべきもう一つの点は，その地理的把握である。日本は「価値の外交」を追求する際に，なぜ「弧」を含めたユーラシアに目を向け

たのだろうか。それは必然だったのだろうか。また，このような地理の把握は，政策として効果的なのだろうか。

　日本の対外・安全保障政策を考える時，そのユーラシアへのまなざしは，特に冷戦後に著しく変化した。その系譜について，筆者は1990年代半ばの橋本龍太郎政権に実質的な起点があると考えている[3]。橋本は，東アジア，東南アジア，ロシアなど個別の国や地域に対する政策を遂行する一方，いや，それらの政策を達成する手段の一つとして，ユーラシアとして括ることのできる，より広い地理範囲の中で総合的な連繋を持たせようとした。それは，従来日本の政策の視野の外に置かれがちであった中央アジアの重要性を指摘することにもつながった。多国間主義と包括的な地理の把握——麻生の「弧」構想にも，このような橋本以来の日本のユーラシア政策の特徴が引き継がれている。

　以下では，公開情報から窺える「弧」構想が形成されるまでの背景や，2008年9月頃までの「価値の外交」に伴う対外政策の実践を検討する。また，「弧」構想が従来の対ユーラシア政策との関わりでどのように位置づけられるのか，さらに，今後の日本の対ユーラシア政策への含意についても考察したい。

1　構想の形成

　「弧」構想を支えた牽引力の一つとして，提唱時の外相・麻生太郎その人を指摘しないわけにはいかない。彼はこの構想を，日本外交の独自性を示す題材としてアピールしただけでなく，現代のユーラシア世界像を描くためのキャッチ・フレーズとして活用した。近年の歴代外相の中で，麻生ほど独自の発想を平易な言葉で国民に訴えようとした人物は稀であった。2007年6月には『自由と繁栄の弧』のタイトルで，自身が行ったスピーチ・演説を集めた著作も刊行した。

　麻生自身はその著作で，2005年10月の外相就任以来の仕事の中でも，2006年5月，ブリュッセルの北大西洋条約機構（NATO）本部で実施された

北大西洋理事会（NAC：常駐大使レベルの会合）における自身の演説[4]が，「弧」構想の発想につながった，と振り返る。また彼は，自衛隊がNATO諸国と一緒に働いた経験によって日本外交に次のような「可能性」を与えた，とも指摘する。まず，NATO側が冷戦期の集団的自衛権に基づく組織から脱皮し，「西から東へ」と活動の範囲を広げたことにより，「東から西へ」と展開した日本もまた「文民とNATOとの協調・協働」の意義に気づいた，という。さらに，日米関係の文脈からもNATO諸国との連繋の意義について言及している。麻生の言葉を引こう。

> NATOというのは何といってもアメリカが屋台骨を背負って立つ組織ですから，NATOと近づくことは，我が国にとってアメリカとの関係を強くするもう一つのやり方なのです。日本はアメリカを，太平洋経由でしか見たことがありません。ところが欧州を経て，大西洋経由でもう一本，長い筋交いを渡すことができるのなら，日米同盟はその分耐久性を増すと期待できます[5]。

このような国際関係の認識は，橋本龍太郎が1997年の「ユーラシア外交」演説で示した考えと共通している。橋本もまた，日米関係の重要性を踏まえたうえで，当時国際的な政策課題となっていたNATO東方拡大を「大西洋から見たユーラシア外交」と認識する一方，「アジアの東の端から見たいわば『太平洋から見たユーラシア外交』という視点を我が国の外交の中に新しいダイナミズムを持って導入する時期が来た」のではないか，との方向性を示していた。時代と人格を超え，政権与党の幹部の情勢認識にかかる共通性が見られる理由の一つとして，出身派閥こそ異なるが，橋本と麻生には外交政策について共有できる条件があったことが考えられる。それは，麻生が橋本内閣の一時期に経済企画庁長官を務め，「ユーラシア外交」演説直後の1997年9月には閣僚としてクルグズスタン（キルギス），カザフスタン，ウズベキスタンを歴訪していたことからも推測できる。中央アジアを含めたユーラシア政策とそれに基づく行動で，橋本と麻生には接点があった。

「弧」がNATOとの連繋を念頭に発想されたことは，この構想の性格を考えるうえで，留意すべきである。もとより，麻生のNATO訪問は突発的

なものではなかった。そこに至るまで，特に9.11事件後のNATOと日本との間で，外交・安全保障分野の要人往来の蓄積があった[6]。また，NATO側の要請もあった。冷戦終焉後，NATOは加盟国領域外の任務に組織存続の活路を見出した。ヤープ・デ・ホープ・スケッフェルNATO事務総長は2004年の就任以来，NATO非加盟国との密接な関係構築という方針を掲げていた。彼の方針は，インド洋への自衛隊派遣や，アフガニスタン復興の実績を通じ，9.11以後の「対テロ戦争」で欧米と協力をしていく，という小泉政権期の日本の姿勢とも合致したものであった。2005年4月，事務総長としてはハヴィエル・ソラーナ以来8年ぶりの来日を果たしたデ・ホープ・スケッフェルは，報道によると小泉純一郎首相に対し，アフガニスタンでの国際治安支援部隊(ISAF)の地域復興チーム(PRT)への日本の参加に期待を示したという[7]。

　以上のような背景を経てなされた麻生の演説であったが，その最後の部分で，彼は「より頻繁に，より定期的に，将来のありうべきオペレーショナルな協力を視野に話し合いを始めましょう」と呼びかけた。のちに麻生自身が述懐するように「かなり踏み込んだ内容のスピーチ」であった。

　麻生は2006年9月に発足した安倍新内閣でも外相にとどまった。そして，安倍もまた政権発足当初，NATOとの連繋重視を打ち出した。2007年1月12日，安倍がブリュッセルのNATO本部を訪れ，NACで日本の首相として史上初めて演説を行ったことは，表層的には，日本がNATOとの協力について最も積極的な姿勢を示した瞬間であった。安倍が「日本とNATOは，自由，民主主義，人権，法の支配といった基本的価値を共有」しているパートナーであると強調したことは，デ・ホープ・スケッフェルや麻生のこれまでの発言の延長線上に位置づけられる[8]。他方で，安倍演説では，麻生が言及した日本とNATOとの「オペレーショナルな協力」の検討が言及されることはなかった。その理由として，これに先立ち開催されたリガでのNATO首脳会合(2007年11月28〜29日)で，フランスがNATOの任務の地理的・機能的拡大に異を唱えたことから，アメリカやNATO本部が当初目論んでいたオーストラリアや日本などを含む「グローバル・パートナー

シップ」構想は後退し，日本への言及を含め首脳会合で採択された宣言に明示されることがなかったことが影響していた，と評価する識者もいる[9]。

　いずれにせよ，およそ2007年初頭の頃まで，安倍と麻生との間では総じて，NATOとの連繋について意見の相違はなかったと考えられる。しかし，このような方針が安倍政権の中で持続的に掲げられてきたかどうか，となると疑問とすべき状況が目立つ。1月26日，国会における安倍の施政方針演説では，「主張する外交」というフレーズを掲げ，その3本の柱として，①自由，民主主義，基本的人権，法の支配といった基本的価値を共有する国々との連繋の強化，②オープンでイノベーションに富むアジアの構築，③世界の平和と安定への貢献，を提示した。安倍は，ブリュッセルからの帰国直後であったにもかかわらず，NATOとの協力を国内向けに強調することはなかった。

　また，安倍と麻生の間で，表明される外交政策に微妙な齟齬が表れている。同日に行った麻生の外交演説では，安倍とは異なる形で「3本柱」が示され，「弧」構想はこれらに加わる「第4の柱」として強調し，「我が国にとって必須のもの」と指摘した。ある識者は，この2人の演説の相違を観察し「日本外交は安倍外交なのか麻生外交なのか」と，政権内の統一性の欠如を指摘した[10]。首相側がより積極的に乗り出していたのは「アジア・ゲートウェイ構想」（上記②に相当）であったが[11]，これは対象とする地域が「弧」構想と重なっていた。この2つの主要対外政策が，どのように連繋していたのか，明確な説明がなされることはなかった。

　これに対して麻生は一貫して「弧」構想を強調していた。2006年11月の日本国際問題研究所での演説に続き，2007年3月に日本国際フォーラム20周年を記念した会合でも「弧」構想について講演を行い，引き続き対NATO協力を含め同構想の積極的な推進の姿勢を示した。ただし，この演説ではNATOとの「オペレーショナルな協力」について具体的な方針を提示することを控え，全体的に「弧」の国々との「対話」と「人づくり」（後述）を重視する調子となった。また，同演説で中央アジアに対する政策推進のために「ロシアや中国と一緒に働く可能性」やインドとの協力など，パー

トナーとなりうる主要国についても言及があった。

2　構想の実践

(1)　新しい戦略的パートナーシップの追求

　2007年初頭までに顕著であった安倍政権によるNATOと積極的な連繋を追求する姿勢は，その後次第に低調になっていった。その外的な要因としては，既に触れたように，NATO自体が「グローバル・パートナーシップ」構想を後退させたことで，日本としても積極的な姿勢をとりにくくなった，ということが挙げられる。また，内的な要因を挙げれば，麻生が当初示唆していたアフガニスタンでの「オペレーショナルな協力」について，日本の法制に由来する制約から，具体的な将来像を描けないことがあった。
　その一方で，麻生演説でも示唆されていたように，安倍政権の後半期では，ユーラシア内外の主要国と安全保障分野での協力を構築することで，既存の法制度の下で日本としてなしうる政策を追求する姿勢も窺えた。実績から判断するに，将来のパートナーとして日本が照準を当てたのは，オーストラリアとインドであった[12]。この2つの国はいずれも，2007年2月に米国のシンクタンク戦略国際問題研究所(CSIS)から発表された，リチャード・アーミテージ(元米国務副長官)とジョゼフ・ナイ(元米国防次官補)が共同議長となった研究会報告書『日米同盟：2020年までのアジアを正しく導く』(2000年にアーミテージによって発表された報告書を受け，通称「第2次アーミテージ報告」と呼ばれた)において，将来のアジア・太平洋地域の安定化のためにも，日米が連携を強化すべき国として指摘された。この報告書は発表当時，超党派の知日派グループによって作成されたこともあって，米国の次期政権の政策のあり方も視野に入れた指針として注目された[13]。日本による豪印へのアプローチは，このような米国の政府周辺からの「お墨付き」を踏まえてのことであったと解釈することができる。さらに付言すれば，この第2次アーミテージ報告も，中国という日米とは異なる価値を備える大国への

対処，そして将来的には可能な分野での日米中協力の追求という観点から，まずはオーストラリアやインドといった民主的価値を共有できる国々との連繋を強化すべき，と主張している。「弧」構想に呼応する「価値の外交」はここでも唱えられていたのである[14]。

　オーストラリアはユーラシア国家ではない。しかし，ジョン・ハワード政権下でアフガニスタンやイラクでの復興支援に要員を派遣してきた実績があった。日本は小泉政権期より，2002年5月1日に首脳レベルで構築された「創造的パートナーシップ」に基づき，防衛交流の発展に関する覚書をオーストラリアと締結する（2003年9月29日）など，二国間での協力枠組みの構築に努めていた。2007年3月13日，安倍とハワードが署名した「安全保障協力に関する日豪共同宣言」は，戦後の日本が米国以外の国家と初めて結んだ安全保障協力に関する二国間の宣言であった。同宣言で，日米豪「三箇国間の協力の強化」が指摘されたことは，第2次アーミテージ報告で集約された路線を踏襲していると評価できる。以後，日豪間の安全保障関連の諸文書では，必ずこの三カ国協力への言及がなされている。また，宣言では「アジア太平洋地域及びそれを越える地域における共通の戦略的利益に係る問題についての協力および協議を強化する」と，既にオーストラリア軍が展開していたアフガニスタンやイラクを含むユーラシアでの協力を念頭に置いたと見られる文言も盛り込まれた[15]。同宣言はさらに，国境を越える犯罪との戦いに関する法執行以下9項目にわたる安全保障協力分野について，行動計画の策定を進めることを明言している[16]。これを踏まえ，6月5～6日，日本とオーストラリアの外相と防衛相が東京に集った。ここでは個別の外相会談や防衛相会談とともに，「2+2」と呼ばれる外務・防衛閣僚協議も実施された[17]。

　インドとの協力について日本は，2000年8月，当時の森喜朗とアタル・ヴァジパイ両首相による「21世紀における日印グローバル・パートナーシップ」推進の合意[18]を契機に，安全保障対話・協力の拡充を進めてきた。安倍政権期，首脳レベルの往来としては，2006年12月13～16日のインドのマンモハン・シン首相の訪日，そして2007年8月21～23日の安倍の訪印

が持たれ，それらの際に取り交わされた共同声明では，グローバル・パートナーシップに「戦略的」という形容詞が付されることとなった[19]。これらの文書は，互いが「アジアで最も発達した民主主義国およびアジア最大の民主主義国として生来のパートナー」であること，また「民主主義，開かれた社会，人権，法の支配，および市場経済といった普遍的価値を共有」しているとの認識の下，政治・安全保障・防衛分野にとどまらず，経済，科学技術，各種レベルでの交流など，広範にわたる協力について方針を示している。また，8月の共同声明では，安全保障分野の協力について，「アジア太平洋とインド洋地域におけるシーレーンの保安と安全，国境を越える犯罪，テロ，海賊および大量破壊兵器の拡散との闘いにおいて利益を共有することを認識し」，今後の二国間協力の方向性を検討することが示唆された。8月22日にインド国会で行った演説で，安倍は「弧」に言及し，インドとのパートナーシップの重要性を強調した[20]。日豪間の協力と異なり，日印間のこれらの文書では米国との協力を視野に入れた文言が盛り込まれることはなかった。しかし，2007年だけを見ても，史上初の日米印三国間の海上訓練（4月16日）や，オーストラリアとシンガポールを含めたベンガル湾での五カ国間海上共同訓練（9月4〜9日）などが実施された。

　この安倍のインド訪問は，結果として彼の退陣につながる行事となった。報道によれば，これを含めた8月19〜25日の東南アジア・インド歴訪の前後から体調を崩し，それが退陣の遠因となった[21]。その後，安倍は27日の内閣改造を経て9月8〜9日にはアジア太平洋経済協力（APEC）首脳会議に出席するためオーストラリアを訪れた。このように退陣の直前まで，安倍は新たな戦略的パートナーシップのフォローアップを行う姿勢を示した。しかし，これらパートナーシップの構築を含む「主張する外交」は，途半ばで頓挫した。

（2）　ODAと多国間対話

　麻生は前述の2007年3月の演説で，「弧」構想を推進するためには「メニューはある意味，変わり映えのしないもの」と断りつつ，第一に対話，そ

図4-1　日本の二国間ODA実績

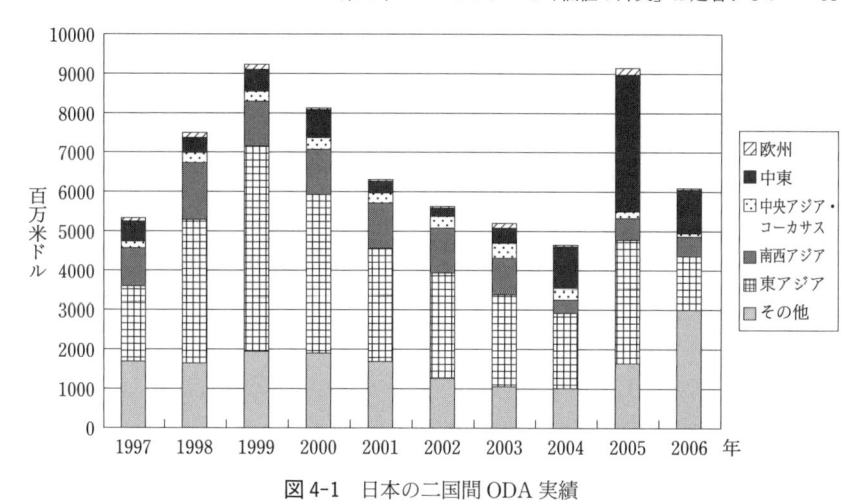

出典：外務省国際協力局『政府開発援助ODA国別データブック』2007年版掲載の数値から筆者作成。

して第二に「人づくり」を含めた必要な国に対する政府開発援助(ODA)が重要であると指摘している[22]。ここでは彼の示したメニューに倣い，主として安倍政権期に「弧」関連でなされたODAと多国間対話の状況を整理してみたい。

図4-1は1997年以降のODA実績の推移を地域別に示したものである。本章を執筆している段階(2008年10月)では2006年までの統計が公表されている。「その他」のカテゴリーを除き，東アジア(ASEAN諸国を含む)，南西アジア，中央アジア・コーカサス，中東，欧州と「弧」を構成する下位地域ごとに区別して示した。図から明らかなことは，構想提唱以前から日本は「弧」地域，特に東アジアおよび東南アジアに対して手厚い経済支援を行ってきたということである。毎年ODA実績の7割前後が「弧」地域向けであったことが窺える。なお，2005年についてのみ中東への支出が飛躍的に突出したが，これは対イラク貿易保険などの債務帳消し分が贈与として計上された結果であり，一時的なものである[23]。

東アジア諸国へ手厚い援助を行ってきたことは，日本のODA政策の傾向として常識の範疇に入る。しかし，この傾向は1999年頃を頂点に，陰りを

見せている。日本の財政赤字を抑制する政策の必要から，ODA の総量が減少傾向にあり，中国，韓国，ASEAN 諸国といった従来の ODA 対象国を，一定程度の発展を果たした「卒業国」とみなす姿勢が日本国内に現れてきたからである。「弧」構想が当該地域への支援の量的な充実につながった形跡は見られない。むしろ，2006 年には「弧」地域への支援が激減したことが窺える。1999 年当時，ODA 全体の 7 割近くを占め，70 億米ドルを超えていた「弧」地域への支援は，2006 年には 42.4％まで比率を減少させ，金額的にも半減以下(約 31 億米ドル)に抑えられた。抑制される「弧」地域への支援に代わり増大しているのは，アフリカ諸国への ODA である。2005 年には 11 億米ドル余り(同年実績の 10.9％)であったアフリカ地域への支援は，翌 2006 年には約 25 億米ドル(同年実績の 34.4％)へと飛躍的に増大した。

　一時は，中央アジア・コーカサス諸国などユーラシアの新興独立諸国への支援が増加している，という新しい傾向も見られた。図には示さなかったが，1995 年当時この地域への支出は，日本の ODA 全体のわずか 0.6％(当時の計算方式による)を占めていたに過ぎなかった。この比率は近年，最大で 5.5％(2003 年)にまで膨らんだ。しかし，この傾向にも近年陰りが見えてきている。2006 年，中央アジア・コーカサス地域への ODA 実績は過去 10 年間で最低の 9275 万米ドル，ODA 全体の比率でも 1.3％を占めるにとどまっている。

　「弧」構想は，日本の伝統的な経済支援の重点地域を射程に入れているにもかかわらず，ODA の量的配分の点で効果的な指針とはならなかった可能性が高いのではないだろうか。もちろん，同構想が提唱されたのは 2006 年 11 月末であるから，このような 2006 年までの量的な推移から導き出される結論は，あくまでも参考的なものに過ぎない。とはいえ，ODA 予算の削減やアフリカ重視の方針が 2007 年度以降も変化しない限り[24]，重点的な支援対象としての「弧」地域の再浮上は難しいものと考えられる。

　麻生が強調したもう一つのメニューである「対話」については，既存の枠組みを活用しようとする姿勢が見られた。小泉政権期に端を発する「日 CLV (カンボジア，ラオス，ベトナム)」会合，「中央アジア＋日本」対話，

「V4(ヴィシェグラード4カ国＝チェコ，スロヴァキア，ポーランド，ハンガリー)＋1(日本)」などがそれに当たる。これらに加え，GUAM(グルジア，ウクライナ，アゼルバイジャン，モルドヴァ)諸国や民主的選択共同体(CDC)への支援，南アジア地域協力連合(SAARC)との協力も「弧」の射程に入れられた。

　しかし，これらの新規の枠組みの制度化も，結果として安倍政権ではいずれも未成熟なままに終わった。旧ソ連諸国との協力枠組みの構築について指摘すると，2004年に始まった「中央アジア＋日本」対話については，2006年6月には第2回外相会合が東京で開催され行動計画が採択された。ただし，これは本格的な「弧」構想提唱以前の動きであり，提唱後の安倍内閣の活動としてこの枠組みで特筆すべき事項はなかった。一説では，2007年9月のニューヨークでの国連総会にあわせて第3回外相会合の開催を模索していたようであるが，麻生の外相辞任によってそれが実現することはなかった。また，新規の枠組みである「GUAM＋日本」会合については，2007年6月，薮中三十二外務審議官がバクーで開かれたGUAM首脳会合に出向き端緒を開いたのが安倍政権期での唯一の具体的な成果であった[25]。報道によれば，このGUAM首脳会合には米国からも高官が出席したという。つまり「GUAM＋アメリカ」会合もあわせて実施されたことになっている[26]。

3　構想の断絶と継承

(1)　政権交代に翻弄された構想

　2007年7月，参議院選挙で与党は大敗を喫した。選挙結果を踏まえ，安倍首相はインド・東南アジア歴訪後の8月27日に内閣改造を行った。これによって麻生は閣外に去り，自民党幹事長に就任した。代わって外相となった町村信孝は麻生とは異なる派閥の長であり，麻生の構想を素直に継承する姿勢は見せなかった。外相交代直後，外務省ホームページの冒頭にあった「弧」構想のバナーはとりはずされた。さらに9月12日の安倍首相の辞意表

明後，急遽行われた自民党総裁選挙で麻生は福田康夫に敗退し，新政権とは一線を画した。福田内閣では高村正彦防衛相が横滑りで外相となったが，福田にしろ，高村にしろ，麻生のイメージを髣髴とさせる「弧」構想をスローガンとして積極的に使うことはなかった。

2年弱の麻生の外相在任期間は，「弧」構想が成熟するにはあまりに短すぎた。構想で示された下位地域ごとの対話や諸政策は，実態としてどれだけ相互に連携しているかどうか，評価するには至っていない。前節で論じたオーストラリアとインドに対する日本の安全保障協力に関するアプローチについても，ようやくその方向性の端緒が現れた段階に過ぎない。

他方で，実務レベルでは地域協力や対話の枠組みが，ゆっくりとではあれ機能し続けていることが窺える。例えば，前述のように次回の外相レベルの会合の目処は立っていないものの，「中央アジア＋日本」対話では，2007年12月13日，ドゥシャンベで第3回高級実務者会合が開催された[27]。環黒海地域諸国との対話や「GUAM＋日本」会合については，かえって福田政権で車輪が回り始めた感がある。9月16〜24日までGUAM諸国からの8名の実務者招聘が実施され[28]，トラック2に相当する会合も東京で複数回開催された[29]。これらの事業で構想としての「弧」が前面に押し出されることはないが，一旦事業として動き出した対話の枠組みは，漸進的に機能しつつあることを示しているのではないだろうか。

(2) 「弧」をめぐる環境の変化

2007年以降，「弧」をめぐる国際情勢はいくつかの重要な変化を見せた。NATOでは，ニコラ・サルコジ政権発足後のフランスが軍事面でも復帰する姿勢を示している。既に触れたように，2006年当時「グローバル・パートナーシップ」構想に否定的であったフランスは，NATO域外の行動についてより積極的な姿勢に転じようとしている。2008年8月18日，治安の悪化するアフガニスタンで，タリバンとの交戦中ISAF参加の仏軍兵士のうち10名が死亡したことを受け，翌19日には急遽サルコジがカーブルを訪問し，アフガニスタンでの任務の重要性とISAF参加継続の姿勢を示した。

フランスは，南オセチアをめぐるロシア・グルジア間の紛争解決のためのシャトル外交や，インドとの原子力協定締結（9月30日）など，ユーラシアへの外交攻勢を強めている。

また，日本が安全保障協力の重要なパートナーとして注目していたオーストラリアでは，政権が交代した。2007年11月24日のオーストラリアの総選挙でハワード政権は敗北し，労働党のケヴィン・ラッド政権が発足したのである。この新政権が，当初懸念されていたように，治安の悪化が著しいアフガニスタンからの早期の撤退を決断することはないだろう。しかし，国際社会とりわけNATO諸国が，従来のようにオーストラリアからの積極的な関与を見込むことは難しくなっている。オーストラリアは非NATO諸国としては最大規模の要員（1090名：2009年1月末現在）をアフガニスタンに派遣しているが，同国がさらなる大幅な増派を決定することはないものと見られる。2008年2月，ラッド政権の国防相であるジョエル・フィッツギブンは，NATO諸国がアフガニスタンでの応分の負担を果たさない以上，オーストラリアが増派することはありえない，と発言した[30]。以上のような関係国の動きは，今後，日本がユーラシアをめぐる戦略的パートナーシップを構築する際の諸要因として，注目すべきである。

日本の内政にも変化が生じている。それは「価値の外交」の理念面での展開というよりも，実践のあり方をめぐる政策決定や議論の変化として特徴づけられる。2007年夏の参議院選挙の結果，同院で第一党となった野党・民主党などの反対で，11月1日をもって既存のテロ対策特別措置法が失効し，「テロとの闘い」に関連しインド洋上で自衛隊艦船が行ってきた給油活動は一旦終了した。与党は自衛隊の活動を給油・給水に限定するなどの是正を行った新法（補給支援特措法）案を提示し，2008年1月11日，参議院で否決された法案の衆議院出席議員3分の2以上での再可決を認める憲法条項に基づき，衆議院で可決させた。これにより，2008年2月21日からインド洋での給油活動が再開された。

この間の政策論争で興味深かったのは，野党・民主党からもアフガニスタンの安定化に向けた対案が積極的に提示されたことである。参院選での勝利

後，民主党代表・小沢一郎は持論である国連重視の国際政治観に基づき，ISAFへの自衛隊参加の実現という方針を提示した[31]。石破茂防衛相は「具体的な根拠，ニーズ，基準などを積み重ねない論争は意味がないし，不真面目ではないでしょうか。それらなくして簡単にISAFに参加するとかPRTに協力するとか言ってはならないと思う」と反論しつつも，「ISAFで何をやるのかまだ整理されていない，また日本に何が求められているのかもわかっていない」と今後の議論に含みを持たせた[32]。

NATOとの連携強化やアフガニスタン復興支援などを含めた国際平和協力といった「価値の外交」の実践面での諸論点は，憲法解釈や自衛隊の海外派遣のあり方など，日本の対外・安全保障政策の根幹に関わる事項を含んでいる。報道によれば，政権側は，この活動を将来的には時限立法ではなく一般法に基づき展開できる態勢の整備を視野に入れている[33]。しかし，与党の一翼を担う公明党の消極的姿勢や参議院での野党の優勢もあって，国際平和協力に関する一般法の早期の成立は困難な状況にある。前述の補給支援特措法による海上自衛隊のインド洋での活動は，2008年12月12日，国会で延長が認められたものの，実施期間は半年間の延長が認められたにとどまり，現状では2009年7月15日までとなっている。

日本に対し，アフガニスタン安定化のためのより積極的な貢献を求めるNATO諸国からの要望は，時間の経過とともに高まっているように窺える。2007年末，デ・ホープ・スケッフェルNATO事務総長が2度目の来日を果たした。この訪問は，継続的に日本と協力体制を築こうとするNATO側の意思の表れであった[34]。また，2008年7月および8月には米国政府の中央アジア担当幹部が相次いで来日し，アフガニスタンを含む地域情勢について日本側の高官と議論を行った[35]。しかし，報道によれば，日本政府は早期の自衛隊派遣を断念したままとなっている[36]。

おわりに

参議院での少数与党の状態が続き国会運営が困難ななか，2008年9月1

日，福田首相は「次の自民党総裁の下に，より強力な体制を敷いてもら」うことを期待し，突然辞任を表明した[37]。近い将来の衆議院総選挙を意識した自民党総裁選挙では，麻生——8月の内閣改造および党幹部人事で党幹事長に復帰していた——が新総裁に選ばれ，9月24日に首相に就任した。首相としての初仕事となった国連総会での演説(25日)で，麻生は「弧」という言葉こそ使わぬものの，中東和平，グルジア情勢，アフガニスタン復興支援などについて触れるとともに，「経済的繁栄と民主主義」を通じた平和と幸福の実現という，外相時代の構想を髣髴とさせる議論を展開した[38]。しかし，彼の外交理念を現実のものとするには，国会での野党・民主党との対峙，衆議院解散の時期の判断，総選挙での勝利と，多くのハードルが控えている。

　日本の外交・安全保障に関する政策に関わる議論において，なぜ「弧」のようにユーラシア全域を見据えた対外・安全保障構想が提示されたのだろうか。本章で見てきたように，その最大の理由として，NATOとの連繋を視野に入れた構想の構築という欲求が，小泉政権後半期から安倍政権にかけて，政府内で高まったことを指摘することができる。加えて，以下のような安全保障問題の歴史的変遷に基づく解釈も可能であろう。すなわち，冷戦期は対米依存の方針「吉田ドクトリン」の下で，日本はソ連を主たる脅威とみなし，相対的に狭い領域に対する関心で自国の安全保障環境を説明するだけで十分であった。ソ連の解体とともに冷戦が終焉し，米ソ間のイデオロギー対立の構造が崩れ，日本に近接する東アジア地域を含めたユーラシアに多様な不安定要因が噴出した。これに伴って日本の脅威認識や関心のある地理的範囲も変化した。冷戦期は主として「極東」の現象を語れば事足りたが，今や「アジア太平洋」あるいは「ユーラシア」を語らねば日本の対外・安全保障政策は説明できなくなった。さらに，冷戦構造の終焉とともに日米同盟の意義についても新たな説明が求められ，場合によっては従来の二国間の枠組みを超えたユーラシアにまたがる多国間の連繋が要求されるようになったのである。

　「弧」は構想として潰えたかに見える。しかし，以上のような冷戦後の日本を取り巻く環境の変化を考えれば，日本の対外・安全保障政策に関する一大方針として，ユーラシア全域を見据える構想を提示する傾向は，これから

も続くと考えられる。福田は「弧」や「ユーラシア」という用語こそ積極的に使わないものの、当初「日米同盟の強化とアジア外交の推進の共鳴」というフレーズで自らの対外政策の方向性を示そうとした。福田の言う「アジア」がユーラシアの一部であると考えれば、実は安倍にしろ、麻生にしろ、福田にしろ、対外政策の射程としてとらえてきた方向性は大きくぶれていないのではないだろうか[39]。仮に民主党主軸の政権が誕生したとしても、同党のアフガニスタンへの関心が持続される限り、ユーラシアへの注目も続くだろう。

橋本「ユーラシア外交」以降のさまざまな構想は、冷戦後の日本にとって「吉田ドクトリン」に代わる新たな対外・安全保障政策の長期的指針を提示しようとした試みであった。しかし、日本人はいまだに新しいドクトリンを見出していない。産みの苦しみの中でひと時たどり着いたのが「弧」であり「価値の外交」であった。敗戦後、民主化の下での繁栄を経てきた日本にとって、自らが享受した「普遍的価値」を伝えようとする政策に行き着いたことは、必然であったのかもしれない[40]。しかし、この政策をユーラシアに定着させ、成熟させるために日本が果たさなければならない課題は、仕組みや理念の構築を含め山積している。

（本章のもとになった 2007 年 9 月の東京大学でのワークショップでの報告ならびに初稿に対し、有益なコメントをしていただいた本書編者・執筆者をはじめとする皆様に感謝したい。もとより、文責は執筆者に帰し、本章の記述は執筆者が所属する機関や政府の見解とは関係がないことを申し添える）

注
1）『外交青書 2007』外務省、2007 年、2-3 頁。
2）2008 年 3 月に刊行された『外交青書 2008』では、「弧」構想に関する記述はほとんどなくなった。
3）Yuasa Takeshi, "Japan's Multilateral Approach toward Central Asia," in Iwashita Akihiro, ed., *Eager Eyes Fixed on Slavic Eurasia*, vol. 1, *Russia and Its Neighbors in Crisis* (Sapporo: Slavic Research Center, Hokkaido University, 2007), pp. 65-84.
4）"Japan and NATO in a New Security Environment," Speech by Mr. Taro Aso,

Minister for Foreign Affairs, Japan at the NAC Meeting in Brussels, Belgium, May 4, 2006 〈http://www.mofa.go.jp/announce/fm/aso/speech0605.html〉. 同演説は英語でなされ，外務省ウェブサイトには日本語仮訳が掲載されている。その後，麻生は自身の著作にも若干の編集を踏まえ掲載している（麻生太郎『自由と繁栄の弧』幻冬舎，2007 年，57-67 頁）。
5 ）麻生『自由と繁栄の弧』19 頁。
6 ）この点について，佐瀬昌盛「日本と NATO」『海外事情』（拓殖大学海外事情研究所）2007 年 6 月号，7・8 月号，9 月号連載，を参照。この論考で示されている情報と分析は大変興味深く，本章執筆でも大いに活用した。
7 ）『毎日新聞』2005 年 4 月 5 日。"Japanese Prime Minister, NATO Chief Discuss Afghanistan, Iraq," *BBC Monitoring Asia Pacific*, April 4, 2005.
8 ）Speech by Prime Minister Sinzo Abe at the North Atlantic Council, "Japan and NATO: Toward Futher Collaboration," January 12, 2007 〈http://www.mofa.go.jp/region/europe/pmv0701/nato.html〉.
9 ）代わりに，宣言文では日本などを指して「関心を示しているコンタクト諸国」という表現が用いられた。佐瀬「日本と NATO（下）」『海外事情』2007 年 9 月号，112-113 頁。
10）田中明彦『アジアのなかの日本』NTT 出版，2007 年，317 頁。
11）アジア・ゲートウェイ戦略会議のウェブページ〈http://www.kantei.go.jp/jp/singi/asia/index.html〉参照。
12）以下の日本と豪印との安全保障協力の状況について，高橋杉雄「日本：地域安全保障協力の拡大・深化の追求」防衛省防衛研究所編『東アジア戦略概観 2008』ジャパンタイムズ，2008 年，202-208 頁を参照。
13）Richard L. Armitage and Joseph S. Nye, *The U.S.-Japan Alliance: Getting Asia Right through 2020* (Washington, D.C.: Center for Strategic and International Studies, 2007). 同報告書の評価について，片原栄一「米国：軌道修正を図るブッシュ政権」防衛省防衛研究所編『東アジア戦略概観 2008』180-185 頁も参照のこと。
14）この点をいち早く指摘した論評として，例えば，鈴木美勝「日米『価値の外交』とアーミテージ報告 II」『世界週報』2007 年 3 月 23 日号，10-13 頁。
15）Japan-Australia Joint Declaration on Security Cooperation 〈http://www.mofa.go.jp/region/asia-paci/australia/joint0703.html〉.
16）Ibid. 協力分野として，このほか，国境の安全，テロ対策，軍縮ならびに大量破壊兵器およびその運搬手段の拡散対抗，平和活動，戦略的評価および関連する情報の交換，海上および航空の安全確保，災害救援を含む人道支援活動，感染症大流行の発生時を含む緊急事態対応計画，が盛り込まれた。
17）Japan-Australia Joint Foreign and Defense Ministerial Consultations Joint Statement 2007, June 6, 2007 〈http://www.mod.go.jp/e/publ/lastest/press05.html〉. この会合の直前である 6 月 2 日には，IISS 第 6 回アジア安全保障会議（通

称：シャングリラ対話）にあわせ，日米豪の防衛相会談がシンガポールで持たれた〈http://www.mod.go.jp/j/news/youjin/2007/06/02c.html〉。
18) 森総理大臣のインド商工会議所連盟における演説「21世紀における日印グローバル・パートナーシップの構築」（2000年8月24日，於：ヴィギャーン・バワン）。管見の限り，この演説はウェブサイト上では日本語版のみ掲載されている〈http://www.mofa.go.jp/mofaj/press/enzetsu/12/ems_0824.html〉。
19) Joint Statement Towards Japan-India Strategic and Global Partnership, Tokyo, December 15, 2006 〈http://www.mofa.go.jp/region/asia-paci/india/pdfs/joint0612.pdf〉; Joint Statement on the Roadmap for New Dimensions to the Strategic and Global Partnership between Japan and India, New Delhi, August 22, 2007 〈http://www.mofa.go.jp/region/asia-paci/pmv0708/joint-2.html〉。
20) インド国会における安倍総理大臣演説「二つの海の交わり」〈http://www.mofa.go.jp/mofaj/press/enzetsu/19/eabe_0822.html〉。
21) 『読売新聞』2007年9月13日。
22) 麻生『自由と繁栄の弧』50-52頁。もとの演説は，「財団法人日本国際フォーラム(JFIR)設立20周年に寄せて：『自由と繁栄の弧』について」2007年3月12日〈http://www.mofa.go.jp/mofaj/press/enzetsu/19/easo_0312.html〉。
23) 草野厚『日本はなぜ地球の裏側まで援助するのか』朝日新書，2007年，21-24頁。
24) 報道によれば，2007年度，日本の対アフリカ諸国ODAは一転17.1億米ドルに減少した（『産経新聞』2008年5月17日）。しかし，2008年5月28日，日本政府が主催した第4回アフリカ開発会議(TICAD IV)で福田首相は，有償資金協力（円借款）を中心に当該ODAを2012年までに倍増することを表明した〈http://www.kantei.go.jp/jp/hukudaspeech/2008/05/28speech.html〉。これはアフリカ諸国向けの支援については，削減対象となっているODA予算から除外することを意味している。
25) Joint Press Statement GUAM-Japan Meeting, Baky, June 18, 2007 〈http://www.mofa.go.jp/region/europe/guam0706.html〉。以後，2009年2月までに計4回の次官級会合が開かれている。
26) Natalia Leshchenko, "GUAM in Search of Purpose," in *Global Insight Daily Analysis*, June 20, 2007. ただし，米国務省のウェブサイトを見る限り，この時期に国務次官ないし国務次官補レベルの高官がバクーでの会合に参加した形跡は確認できない。
27) 〈http://www.mofa.go.jp/mofaj/press/release/h19/12/1176648_818.html〉。
28) 〈http://www.mofa.go.jp/mofaj/area/europe/guam/0709_jsgh.html〉。
29) The Second Japan-Black Sea Area Dialogue, "Japan and Black Sea Area in the Rapidly Changing World," sponsored by the Global Forum Japan, Tokyo, November 20-21, 2007（会議のペーパーはグローバル・フォーラムのサイトに掲載されている〈http://www.gfj.jp/jpn/dialogue/26/cp.pdf〉）；JIIAフォーラム「GUAM創立10周年：民主主義と経済の発展を目指して」2007年12月6日〈http://www2.jiia.or.

jp/report/kouenkai/071206-guam.html〉.
30) "Upset with NATO, Australia Seeks New Afghan Strategy," *International Herald Tribune*, February 13, 2008.
31) 小沢一郎「今こそ国際安全保障の原則確立を」『世界』2007年11月号，148-153頁。
32) 石破茂「自衛隊海外派遣に関する一考察」『世界』2007年12月号，142-147頁。
33) 『読売新聞』2008年1月8日夕刊。『産経新聞』2008年1月9日。
34) "NATO Secretary General Meets the Japanese Prime Minister," NATO Press Release (2007) 140, December 13, 2007. 12月13日，彼は都内で講演を行い，その最後部で日本の憲法論議やインド洋での給油活動論議に言及し，日本の立場を尊重すること，問題は日本とNATOの連繫の度合いではなく，連繫が実際に機能することであるとの主旨の発言を行った。"Meeting the Security Challenges of Globalization," Speech by the NATO Secretary General, Jaap de Hoop Scheffer, Tokyo, December 13, 2007 〈http://www.nato.int/docu/speech/2007/s071213a.html〉.
35) ボビー・ウィルクス(Bobby Wilkes)国防副次官補(中央アジア担当)の来日(2008年7月後半と見られる)については，2008年9月24日配信の共同通信記事を参照。また，リチャード・バウチャー国務次官補(中央・南アジア担当)の来日時(同年8月8日)のブリーフィングと記者会見については，〈http://www.state.gov/p/sca/rls/2008/108102.htm〉を参照。
36) 例えば，『東京新聞』2008年8月29日。
37) 福田内閣総理大臣記者会見(2008年9月1日)〈http://www.kantei.go.jp/jp/hukudaspeech/2008/09/01kaiken.html〉.
38) 第63回国連総会における麻生総理大臣一般討論演説(2008年9月25日)〈http://www.kantei.go.jp/jp/asospeech/2008/09/25speech.html〉.
39) 福田政権においてアジア外交を強調できるのは，安倍の対外政策において既にアジア主義的要素が多少なりとも存在していたからである，という解釈も可能である。日本外交史を専攻する井上寿一は，安倍の著作『美しい国へ』のテキストを分析した評論で，彼の外交政策に「反米と独立」のジレンマがあるとし，このジレンマを打開するためにも「アメリカを排除しないアジア地域主義」の構築を主張している(「アジア主義にアメリカを巻き込め」『中央公論』2006年12月号，94-103頁)。
40) この点について，「弧」に関する細谷雄一の次のコメントを参照のこと。2007年2月24日，外務省主催シンポジウム「自由と繁栄の弧をめざして：日本の人権・民主主義外交の新たな展開」パネル1での発言(〈http://www.mofa.go.jp/mofaj/gaiko/free_pros/sy0702.html〉から入手可能)。

第2部
歴史・理論・地政学

第5章　対中央アジア外交の歴史的文脈と展望
―― アジア主義と日米関係のはざまで

宇山智彦

　日本の対中央アジア外交には，とらえどころのないイメージがある。中央アジア現地や中央アジアに利害関心を持つ諸外国の政府関係者・専門家の間では，日本がかなり積極的に中央アジア外交を展開してきたことは知られているが，それが何を目的とし，どのような成果を挙げてきたのかについては評価が一定せず，単なる資源獲得競争の文脈に落とし込まれることも多い[1]。他方日本国内では，中央アジアの重要性に関する認識は直接の外交関係者・専門家の間以外では共有されておらず，関係者は常に「なぜ中央アジアが重要なのか」の説明に苦労してきた。

　学問的な意味でも，日本の中央アジア外交を分析する際の枠組みが確立しているとは言い難い。日本と中央アジア双方にとって近隣の大国であるロシアや中国を重要なファクターとみなせるのであれば話は明快になるはずだが，実際には対ロ・対中外交と対中央アジア外交が戦略的に明確に結びつけられることは稀である。また，日本が米国の中央アジア戦略に追随してきたわけでもなく，むしろ両国の中央アジアへの取り組みには違いが目立つ。つまり日本の中央アジア外交には，日本と第三国との関係に左右されない，自立的な部分が大きい。

　しかし同時に日本の中央アジア外交には，日本人が「アジア」なるものに抱く関心のあり方が，必ずしも理論化されないメンタリティのレベルで影響を与えてきた。そして日本人のアジア観・中央アジア観には，米国という存

在が，必ずしも日米同盟に収斂しないさまざまな形で関わってきた。そこで本章では，少し歴史を遡って日本のアジア観・アジア外交や日米関係の流れを検討したうえで，その文脈の中に日本の中央アジア外交を位置づけることを試み，また今後の方向性について若干の提言を行いたい。

1 戦前日本のアジア主義と日米関係

19世紀末から20世紀前半にかけての日本人の欧米およびアジアに対する態度は，アンビヴァレンス（愛憎併存）という言葉で表現することができる。日本人は，一方では近代化と西洋化を目指し，「脱亜入欧」をはかった。しかし他方では，西洋諸国から疎外されていると感じ，アジアのリーダーとなることを志した。特に日露戦争以降，日本は西洋列強のパワーゲームにますます深入りし，欧米との協力と軋轢の両方が深まった。

西洋に対する複雑な感情から，アジア人の連帯と解放を唱えるアジア主義の思想が生まれた[2]。アジア主義は一度も公式のイデオロギーとして宣言されたことはなかったが，さまざまな政策に（しばしばゆがんだ形で）反映された[3]。その例が，「五族協和の王道楽土」としての満洲国建国であり，「大東亜共栄圏」の政策であった。

しかし，アジア主義にはいくつもの矛盾がつきまとっていた。第一に，多くの日本人がアジアに心情的な親近感を持ってはいたものの，日本人のアジア認識は往々にして曖昧であり，「アジア」が東アジアと東南アジアを指すのか，アジア全体を指すのかも必ずしも明確ではなかった。しかもアジア諸国・諸地域の状況と利害は多様であり，日本はそれらを調整する能力を（そしておそらくは意図も）持っていなかった。第二に，日本は既に欧米諸国と密接な関係を持っており，アジア主義は西洋に対する嫌悪というよりは，愛憎併存の現れであった。満洲国でさえ，米国の経済に強く依存していたのである[4]。第三に，アジア諸国を守ると称しながら，日本はアジアを侵略し，西洋諸国をモデルにした植民地帝国としてふるまった。

アジア主義の流行にもかかわらず，米国の日本に対する経済的・文化的影

響力は1930年代を通して増大した。日本政府も，日中戦争の拡大とナチス・ドイツへの接近の陰で，しばしば米英との協調を模索した[5]。太平洋戦争は，アジア主義ではなく，日米の互いに対する過剰反応と，日本の誤算によって引き起こされた。広島と長崎の悲劇を経験した日本が戦後に米国の同盟国となったことは，外国人から不思議がられることがあるが，実際にはこれは戦前日本の外交路線の一部の継続だったのである。

2　戦後日本の対米依存と独自外交の模索

戦後，日本は米軍を中心とする連合国軍に7年にわたって占領されたが，占領が終結した後も，米国は日本の外交と内政に大きな影響力を及ぼしてきた。そのため研究者の中には，ケント・カルダーのように，日本は本質的に受動的なアクターで，政策を変化させる刺激は主に外圧によってもたらされると論じる者もいる[6]。この見方が当てはまる事例は少なくないだろう。しかし，国際社会，特にアジアにおいてイニシアティヴを発揮しようという考えは，決して敗戦によって消滅したわけではない。敗戦直後の1945～46年に，元大東亜省の官僚や経済学者を中心メンバーとして外務省で活動した「戦後問題研究会」は，日本と東アジア諸国が経済的に密接な相互依存関係にあることを強調し，アジアの発展のために日本経済が果たしうる独特の役割があるという見方を示した[7]。敗戦国として，また戦前・戦中の植民地主義を周辺国から批判される立場にあって，政治的・軍事的発言権を制約される日本にとり，経済関係や援助を軸としてアジアに関与する姿勢は，その後の基本方針となった。

戦後日本は，アジア外交の積極化を模索する際に，2つの問題に直面した。第一に，もともと多様なアジア諸国の利害は冷戦によってさらに分極化し，それを克服する能力は日本になかったうえ，日本の植民地主義的過去に対する多くの国の不信がこの問題を深刻化させた。例えば1957年に岸信介首相が東南アジア開発基金構想を提唱した時，東南アジア・南アジア諸国は，ソ連，米国，英国，中国などとの関係を理由に消極的・否定的な反応を示し

た[8]。

　第二に、米国は日本の積極外交を必ずしも歓迎しなかった。戦後の日本政府は一貫してアジア外交を日米関係と調和させようとしてきたが、対アジア政策の戦略自体は、日米の間でかなり違っていた。つまり、米国が冷戦イデオロギーに基づいて政策を決定していたのに対し、日本は共産主義との闘いよりも、アジア諸国との友好関係の確立・維持を重視する傾向があった。したがって、米国のイデオロギー的な要請・圧力がない時に、日本の積極外交の余地が大きくなった。米国のヴェトナム戦争敗北後の時期がその典型例であり、日本は「全方位外交」を掲げて、共産化したヴェトナムに対しても積極的な外交を展開した。1975年に宮澤喜一外相が述べた、「たとえ、我が国とは違った政治システムを持つ国があっても、日本は東南アジアのすべての国々と相互理解と友好的関係を築くことによって、この地域の安定化に貢献することができるであろう」という言葉に、当時の日本政府の姿勢が端的に現れている。しかし1970年代末に米ソ対立が激化し、またヴェトナムがカンボジアを占領すると、日本は米国のヴェトナム孤立化の圧力に応じ、独自外交を中断せざるを得なかった[9]。

　それでも日本は継続的な取り組みによって、東南アジア諸国との関係を改善させることに基本的に成功した。1977年の「福田ドクトリン」に象徴されるように、日本は軍事大国にならないこと、経済的にも相手国に脅威をもたらさないことを約束した。また、カンボジアでの和平・再建プロセスへの参加に見られるように、東南アジアでの平和構築に積極的に参加した。東南アジア諸国同士が東南アジア諸国連合(ASEAN)の枠組みで協力を深めたことも、日本の関与に好適な条件を作った。

　東南アジア以外のアジア諸国に関しても、米中関係改善のペースを追い越して実現した日中国交正常化(1972年)、石油ショックの際にアラブ諸国への接近にあたって行ったイスラエル批判(1973年)、天安門事件(1989年)後の中国に対する柔軟姿勢、現在に至るまで時折見せるイラン石油開発へのこだわり(第9章嶋尾論文参照)など、日本は随時、米国の方針と異なる独自外交を行ってきた。しかし東アジアでは依然として反日感情が存在し、南アジア

以西の地域では現地の国々の利害が極めて多様で日本との関係も相対的に薄いことから，日本外交の成功は限定的なものにとどまっている。東南アジアに対しても，中国の台頭に伴って関与のしかたが難しくなってきている。また米国は，冷戦終結によってアジア政策のイデオロギー性が減じた後も，自国を抜きにしたアジアの経済統合に警戒的であり，日本の独自外交を時折抑制している。例えば1997年に，金融危機の拡大を防ぐために日本がアジア通貨基金の創設を提唱した時，米国は中国とともにこの案をブロックしたのである。

3　1990年代の日本の中央アジア外交に見る「アジア」観[10]

ソ連時代には，ソ連領中央アジアが日本外交の大きな関心の的になることはなかった。戦前のアジア主義外交の時代，日本はソ連領中央アジアについても情報収集を行ったが，直接手を出すことはできなかった。当時，著名なパン・イスラーム主義者のアブデュルレシト・イブラヒムが日本軍将校らの手引きで来日（1933年）するなど，タタール人の活動家が日本の政策の中で一定の役割を果たしたが，彼らに期待されたのは日本のムスリム共同体の指導や，中国のムスリムに対する工作における役割であった[11]。そこにはソ連包囲網の形成の意図が込められてはいたものの，ソ連内のムスリムに対する工作を行うことは，日本の力量不足と，現地のパートナーの不在のため困難であった。ヨーロッパに亡命していた中央アジア独立運動家のムスタファ・チョカイが，日本がパン・イスラーム主義運動に関わるのは独立ムスリム諸国の反感を買うから危険だと警告したという事実は，その関連で興味深い[12]。1941年，帝国鉄道協会は中央アジア横断鉄道の建設計画を発表したが，最有力とされたルートは，新疆からワハン渓谷を通ってカーブルに抜け，ソ連領中央アジアを迂回するものであった[13]。敗戦後の日本に，ソ連領中央アジアに積極的に関与する動機も機会もなかったことは言うまでもない。

1991年のソ連崩壊によって初めて日本外交の直接の対象となった中央アジア諸国は，日本外務省の分類では欧州地域の一部とされた。一時は中東ア

フリカ局への移管も検討されたものの，現在に至るまで欧州局(2001年に欧亜局から改組)の管轄となっている。しかし実質的には，日本外交は中央アジアをヨーロッパの一部として扱ってきたわけでも，ロシアの付属物ないし対ロ外交のカードとみなしてきたわけでもない。対中央アジア外交の出発点では，クルグズスタン(キルギス)のアスカル・アカエフ大統領[14]がソ連時代末期に北方領土の返還を支持する発言をしたことが，日本の官僚・政治家の注意を中央アジアに向けさせるきっかけになったが，その後，対ロ外交と対中央アジア外交が明確に結びつけられることはほとんどなかった。

　1997年の橋本龍太郎首相による「ユーラシア外交」演説は，周知のとおり対ロ外交，対中外交，対シルクロード地域(中央アジア・コーカサス)外交を論じたものである。対ロ外交と対中央アジア外交がともに取り上げられたが，これは北方領土問題を解決し日ロ関係を改善しようという気運と，それまで現場の官僚の熱意に依存していた中央アジア外交を政治家のイニシアティヴで活発化させようという気運が，同時に高まったことによるものである。したがって内容的には，対ロ外交と対中央アジア外交は演説の中で別々に論じられた。のちに，演説の趣旨の中で中央アジア・コーカサスに関わる部分だけを指す「シルクロード外交」という言葉が定着したのも，偶然ではない。「シルクロード外交」は，全くの新機軸というよりは，従来の方針をまとめ直したものであったが，日本政府部内での中央アジア外交の優先度と，日本の取り組みの海外での認知度を高めたことは間違いない。

　橋本演説以前も，それ以後も，1990年代の日本の中央アジア外交は，従来の日本のアジア外交・アジア観をさまざまな意味で引き継ぐものであった。第一に，日本国内で中央アジア外交の重要性を説く際，「親日国」作りというキーワードがよく使われた。これは国連での日本の立場を強化するという実利的目的を持っていただけでなく，東アジアに見られるような「反日」の要素がない国をアジアの中に持ちたいということでもあり，また同時に，日本人がアジアに対して抱くノスタルジーやエキゾティシズムと，中央アジアのイメージが一致したということでもあった。

　「親日」化の最初の具体的なターゲットとなったのはクルグズスタンであ

る。アカエフ大統領がしきりに日本への親近感と感謝を示す発言をしたこと[15]、クルグズ人の顔が日本人に似ていることも手伝って、この小国は容易に親日国になると思われた。次いでウズベキスタンが日本の官僚・政治家の関心を集めた。ウズベク人の礼儀正しさや農村共同体的な生活習慣が、古き良き日本を思わせるものとして彼らの共感を呼んだ[16]。日本とアジアを結ぶ歴史的な「道」として特に重視されているシルクロードに関連する遺跡・都市がウズベキスタンに集中していることも、この国の好印象を強めた。他方、自らのアジア性よりはユーラシア性を強調するカザフスタンは、その他のさまざまな要因も付随して、日本側の共感を必ずしも呼ばなかった。

第二に、日本は経済発展の「日本モデル」を中央アジア諸国に広めようとした。これは、戦後日本のアジア外交が一貫して基軸としてきた、日本がアジアの経済発展のために独自の役割を果たすべきだという発想の延長であると同時に、いわゆる IMF（国際通貨基金）モデルのオールタナティヴとしても構想された。日本の官僚や学者の中には IMF の市場原理主義的なモデルに批判的な意見が強く、特に旧ソ連諸国の脆弱な経済にはこのモデルは有害だと考えていたのである。中央アジア諸国の中では特にウズベキスタンが IMF モデルへの憂慮を示し、「漸進的改革」を唱えていたため、日本の大蔵省（のち財務省）はウズベキスタンと積極的に連携し、日本モデルの有効性を証明しようとした。1990 年代半ばに駐ウズベキスタン大使を務めた孫崎享は、「アジア人にはアジア人のアプローチがある」ので経済運営では「日本が一番のモデル」になるという、同国のイスラム・カリモフ大統領の発言を紹介し、支援の必要性を説いたが[17]、ここには「アジア」と「反 IMF」を媒介項として手を結ぼうという、日本側・ウズベキスタン側双方の関係者の意図が現れている[18]。

第三に、日本は中央アジア諸国の民主化推進の必要性にさまざまな文書で言及しつつも、そこにあまり力点を置いてはいなかった。これは一面では、冷戦期の日本がアジア外交において米国ほど共産主義との闘いを重視しなかったのと同様、日本外交の非イデオロギー性・現実主義を表していると言える。しかし同時にこれは、日本の官僚・政治家の一部に根強い、民主主義

そのものへの懐疑心の現れでもあった。孫崎は，民主主義の定着には長い年月がかかるから「ウズベキスタンに数年で民主主義の確立を期待するのは，無理。ゆっくり前進すればよい」とカリモフに助言した日本の大蔵官僚の発言を引用し，賛同している[19]。実際には敗戦直後の日本の経験は，短期間でのドラスティックな施策が民主化を成功させた例であるはずだが，その際に外国（米国）のイニシアティヴが威力を発揮したことが日本人の一部にトラウマを残し，欧米型の民主主義導入に対する中央アジア諸国政府の反発への共感を生んでいると考えられる。

　言うまでもなく，上述のような日本の中央アジア外交の3側面は，米国のアプローチとは大きく異なるものである。しかしそのために日米間にコンフリクトが生じた形跡はない。その理由は，日本が具体的な行動においては慎重であったことに加え，1990年代の米国の中央アジアに対する関心が，カスピ海地域の石油，イランの影響力拡大の阻止，カザフスタンがソ連から引き継いだ核兵器の処理，といった特定のイシューに限られ，日本との間で中央アジア政策全般を調整する必要がなかったからであろう。換言すれば，米国の無関心のおかげで，日本は中央アジアで独自外交を展開することができたのである。

　ただし，日本外交の独自性が中央アジア諸国や国際社会で認知され，大きな成果を挙げたとは言いにくい。親日化路線は日本国内では受けが良くても，相手国に対してメッセージ性の強いものではない。経済の日本モデルは，ソ連経済という日本とは全く異質な体制の遺産を抱え，産業構造も異なる中央アジアに導入するには困難があったし，日本経済自体がバブル崩壊後長い苦境に落ち込み，そこから脱却する過程で米国式新自由主義モデルを採用したため，日本側の宣伝意欲も減退した。民主化の問題に対する微妙な姿勢も，結局は現状追認以外のものではなかった。

　なお，アジア観の問題からは離れるが，日本のスタンスが外から見て分かりにくかった最大の原因は，中央アジアに対する経済的な利害関心が小さかったことにある。カスピ海地域の天然資源は日本でも大いに話題になってはいたが，石油・ガスの現実的な輸送ルートのほとんどが西を向き，東に

持ってきても中国がすべて消費してしまうのが明らかであるため，資源開発への日本の関与は部分的なものにとどまっていた。したがって日本が中央アジア諸国に供与してきた多額の政府開発援助（ODA）も，石油ショック後に中東に対して行った資源確保のための援助のように，分かりやすい目的を伴ったものではなかった。石油・ガス以外の投資もふるわず，なかでも相対的にポテンシャルの大きいカザフスタンへの投資が，1995年のカラガンダ金属コンビナート契約破棄事件[20]のショックなどで滞った。投資環境の改善を粘り強く求めつつ新たな投資の可能性を探る，というスタンスであれば日本の存在感を示せたかもしれないが，日本側の基本姿勢は，問題が起これば黙って手を引く，というものだった。

　もっとも経済的・地政学的利害関心が小さいことにはプラスの側面もあった。日本側は，中央アジアへの関与が善意に基づくものであることを強調することができたし[21]，中央アジア現地でも，日本は一方的な野心を持たずに援助してくれる唯一の国であるという評判を聞くことが少なくない（第1章廣瀬論文参照）。特に，欧米諸国がカスピ海地域にばかり目を注いでいた時期に，クルグズスタン，ウズベキスタン，タジキスタンといった輸出可能な資源の少ない国に日本が継続的に関与したことは，功績と考えてよい。カザフスタンとの関係も，若干の齟齬はあったが基本的に良好である。全体として，政府や一般社会の中央アジアへの関心が低く，非常に限られた人的資源しか投入されなかった割には，日本の1990年代の中央アジア外交は一定の成果を挙げたと言ってよかろう。

4　21世紀の新しい動き
――「中央アジア＋日本」対話と「自由と繁栄の弧」構想

　日本と中央アジアを取り囲む環境は，21世紀に入って大きく変化した。9.11事件後，米国の中央アジアに対する関心が高まり，政府・民間を問わず米国人が日本人に中央アジア政策に関する意見交換を求める機会も増えた。中央アジア諸国の親日化や日本経済モデルの売り込みを熱烈に追求した，対

中央アジア外交の生みの親ともいえる世代はほぼ第一線を退き，特に財務省では，米国とIMFにより近い立場が主流となっている。中央アジア現地はと言えば，日本の親密なパートナーとみなされてきたウズベキスタンの経済が停滞し，民主化や人権の問題をめぐって2004年頃から(そして特に翌年のアンディジャン事件以降)同国と米国の関係が悪化した一方，カザフスタンは石油輸出の好調のおかげで地域経済大国となった。

　こうした環境の変化と直接・間接に連動しながら，日本政府は過去数年の間に2つのアイデアを提案した。第一は，2004年に立ち上げられた「中央アジア＋日本」対話である。これは本書の河東論文(第2章)のテーマであり，ここで詳しくは触れないが，注目すべきはまず，これが現地諸国の利害の多様性という，日本外交がアジアの他地域でも中央アジアでも直面してきた問題に，多国間対話を通して現地諸国自身のイニシアティヴと相互協力を促すことによって，対処しようという試みである点である。その際に参照されたのは，日本のアジア外交の中で比較的成功した例である，ASEANとの協力の経験であった。

　実際には日本と中央アジアの間には，ASEAN諸国とのような密接な経済的・歴史的関係はないため，この対話の有効性には自ずと限界がある。しかし中央アジア5カ国すべてを包含する枠組みが形成されたことで，従来のように日本政府部内で親ウズベキスタン派，親クルグズスタン派などが限られた外交資源を奪い合う事態に歯止めがかかったことは意義深い。なお，5カ国を包含することが可能になったのは，少人数で初期の中央アジア外交を支えた人々の努力が実を結んで，外務省や国際協力機構(JICA)の中央アジア担当部署が拡充され，大使館が中央アジアのすべての国に置かれたという組織的基盤によるところも大きい[22]。

　「中央アジア＋日本」対話は，米国など他の大国の力を借りることも，それらの国の動向に左右されることもなく日本が樹立した枠組みであるという意味で，中央アジアに対する日本の独自外交の頂点である。同時にそれまでのような，現地諸国の方針の追認にとどまる姿勢とも一線を画した。川口順子外相は2004年8月に対話の基本原則についてタシケントで演説した際，

「人権や民主主義は，各国独自の文化的・歴史的背景の中で実現することが可能」だとし，さらに制度改革の文脈で「真に伝統に根ざすものと単に既存の権益として過去から受け継がれてきたものを区別」すべきだと述べたが[23]，これは暗に，伝統を口実に民主化を怠る中央アジア諸国の政府を批判したものと解釈することが可能だろう。

　第二のアイデアは，麻生太郎外相が2006年11月の演説で提案した「自由と繁栄の弧」構想であるが，これに先立ち同年6月，麻生は「中央アジアを『平和と安定の回廊』に」という演説を行っているので，まずはこちらから検討しよう[24]。この演説はある意味では，「中央アジア＋日本」対話のコンセプトをさらに拡張したものである。「『新グレートゲーム』の結果，中央アジアが諸外国の都合に翻弄されたり，服従を強いられるというようなことは，あってはならないことです。主役はあくまでも，中央アジア諸国自身です」と，日本および中央アジアが大国間の勢力争いから距離を置いた独自のアクターであるべきことを強調している。

　この演説はまた，「普遍的価値」の共有に触れている点で，のちの「自由と繁栄の弧」につながるものだが，具体的な問題になると破産企業の再生など技術的な話にそれており，民主主義に必ずしも力点が置かれているわけではない。また，中央アジアからアフガニスタン経由で海につながる「南方ルート」の必要性を力説している点は，以前から日本で時折議論されてきたこととはいえ，米国で提唱されている「拡大中央アジア」構想[25]を想起させる。

　「自由と繁栄の弧」構想については本書の湯浅論文(第4章)でも詳しく論じられているが，この構想は民主主義，自由，人権，法の支配，市場経済という「普遍的価値」を重視する「価値の外交」を華々しく打ち上げた点で，民主主義に冷淡な旧来の日本外交の枠を大きく踏み越えるものだった。この演説そのものでは触れられていないが，麻生はのちに，「自由と繁栄の弧」が「日米同盟の基盤に新たな投資をしようとするものでもある」と述べており[26]，ブッシュ政権の世界民主化戦略を意識した構想であったことは間違いない。

地理的には,「自由と繁栄の弧」は東南アジアから南アジア,中央アジア・コーカサス,トルコ,中・東欧,バルト諸国に至る地域に設定されており,ロシアと中国を避けているように見える。この地域設定について,麻生は自著の中で次のように述べている。

> ユーラシア大陸の外周は,冷戦期にはソ連とアメリカが対峙した地域で,「危機の弧」と呼ばれていた。そこに次々と若い民主主義国が誕生している。こうした国々と同じ価値を共有して,これらを帯のようにつないでいきたい。この帯が,「自由と繁栄の弧」である[27]。

この説明に対しては,冷戦的発想を引きずっているのではないか,ロシアと中国を民主主義国でないとして外すのなら中央アジアの権威主義的な国々を入れるのはなぜか,という批判が考えられよう。麻生の真意は別として,この構想が日米同盟と連動して中国封じ込めをねらったものと国内外で解釈されたのは,無理もない。

　中国を含むアジアに対する麻生の態度は両義的であった。彼は「中国の台頭を祝福」すると述べながらも,「中国の華夷秩序」の復興に対する警戒感を隠さなかった[28]。また,自著の一章を「新たなアジア主義:麻生ドクトリン」と題しているものの,そこで語られるアジアのイメージは,「がんばって走れば未来は明るい」という「アジア的楽観主義」,「世界中で最も活発な交易ネットワーク」にとどまり,アジアという枠組みへのこだわりは薄い。

　麻生は中央アジアを「自由と繁栄の弧」の形成において最も重要な地域の一つと呼んだが[29],この位置づけは矛盾を孕み,なおかつ現地の状況とタイミングのあわないものだった。まず,中央アジア諸国の政治指導者にとって,権威主義的な体制を維持したまま経済発展を進めるロシアと中国が一種の手本になっており,この2国の民主化を考えないまま中央アジア諸国の民主化を構想するのは非現実的である。またイラク戦争と,クルグズスタンやウクライナ,グルジアでの「カラー革命」以降,中央アジアでは政府でも民間でも米国の世界戦略・民主化戦略への猜疑心が高まっており,日本が日米同盟と民主化を前面に掲げて乗り出していけば,ネガティヴな反応を受けたことだろう。

実際には，「自由と繁栄の弧」構想は日本の中央アジア外交を大きく変えはしなかった。その理由の第一は，この構想自体相手国の体制転換を強いるのではなく，若い民主主義国の「伴走ランナー」となることを宣言するものだったため，民主化を避ける国には手の出しようがなかったこと，第二はこの構想が政府全体に支持されたものとは言い難いうえ[30]，抽象的な政策のレベルで大胆な構想があっても，具体化の段階では相手国・関連諸国との関係を損なわないよう慎重にならざるを得ないという構造的問題である。そして2007年8月に麻生が外相の地位を去ると，日本政府は「自由と繁栄の弧」という言葉を使うのをぴたりとやめた。つまりこの構想は短期的なエピソードに終わったのだが，本章であえて取り上げたのは，これがアジアと米国を見据えた戦略を明瞭な言葉で語るという日本にとって稀有な試みであり，その欠点も含めて今後の教訓となると考えるからである。

おわりに——開かれたアジア主義に基づく新・地政学外交の提唱

　日本の中央アジア外交を含むアジア外交の歴史を振り返ると，東アジアと米国という2つの軸が大きな意味を持ってきたことが分かる。日本は東アジアでの孤立感への埋め合わせとして，中央アジアなどで「親日国」作りを追求する。そこには，米国流の価値観のおしつけに対する反発という意味での漠然としたアジア主義的心情も絡むが，米国に正面から対抗することは避ける。そして中国が台頭すると，日米同盟を強調しながらアジアとの関係を再構築しようという動きが出てくる。これらの発想の背景には，長い間アジアで唯一の先進国の地位にあり，なおかつ諸隣国との関係に苦慮してきた日本の孤独感，そして戦前・戦中の国際的孤立の再来の恐怖が見て取れる。しかしこのような発想こそが，中央アジアなど個別の地域の実情にあわない政策を時に生んできた。そろそろ，「世界の孤児」シンドロームから脱却すべき時ではないか。

　もちろん，日本の対中央アジア外交をすべてこうした埋め合わせや第三国への対抗の論理で説明するのは適切でなかろう。援助をはじめとする国際貢

献を通して国際社会における日本の地位を上げようという広い視野に基づく考えは，日本外交にしっかりと根づいており，対中央アジア外交もその一環として進められ，時とともに成熟してきた。ただ，そうした一般論だけでは，中央アジアに特に注目する必要は説明しにくい。政府の公式文書では中央アジアの地政学的重要性や天然資源の豊富さが繰り返し説かれてきたが，前者についてはやや第三者的な国際情勢の分析にとどまっているし，後者については近年まで日本が中央アジアの資源開発・輸送に限定的にしか関わっていなかった実態と開きがあった[31]。

　ここで，新たな地政学的発想に基づく外交を提案したい。今後中長期的に，東アジアが世界の発展を牽引する地域の一つであり続けることは間違いない。東アジアの中で，近年の成長の速度や人口・国土の規模では中国が卓越しているが，人権問題・民族問題や貧困など，国内の不安定要因および外国との摩擦要因を多く抱える中国が突出した役割を負うことは，世界および東アジア地域にとっても，中国自身にとっても幸せな事態ではない。成熟した先進国としての日本が，中国と並ぶ両輪として，時に連携し時に軌道修正し合いながら東アジアの発展を支えることが重要である。そして，今後はその発展の好影響を周辺地域，つまり東南アジア，南アジア，中央アジア，ロシア極東などに一層広げていかなければならない。

　筆者が提唱したいのは，東アジアとその周辺地域を「拡大東アジア」ないし「東部ユーラシア」と呼び，その平和と繁栄に日本が責任を積極的に分担すべき行動空間として設定することである[32]。このような面的な空間設定は，細長い「弧」よりも自然である。そしてこの「拡大東アジア」の中で，中央アジアは2つの意味で重要な場所である。第一に，中央アジアは東アジア周辺地域の中でこれまで東アジアの発展の恩恵を必ずしも十分に受けていない地域であり，関係拡大の余地が極めて大きい。第二に，中央アジアは周辺諸国・大国の注意が集まり，日本の存在感を示すのに好適な場所である。

　言うまでもなく，これは中央アジアをめぐる覇権争いという意味での「グレート・ゲーム」に日本が参加すべきだという趣旨ではない。旧稿でも述べたように筆者は「グレート・ゲーム」は有害だと考えており[33]，その意味で

2006年6月の麻生演説に共感するものである。実態としても中央アジア諸国は外国の干渉をはねつけるしたたかな態度を身につけており，特定の大国が中央アジアを独占的な影響下に置いたり，大国間で勢力圏分割が行われたりすることは想定しにくい。しかし他者を排除する独善的目的を伴わない限り，地政学的概念は外交を広い文脈の中に置くのに有効であるし，特に中央アジア諸国自身が，域内の論理を超えた広い文脈での自らの地政学的重要性を意識していることから[34]，日本も地政学的な言葉を使うのは自らの関与を説明する際に有効だと思われる。

　ここで述べているのはまた，単なる「親日国」作りではない。現代世界ではいずれの国も多数の外国と相互依存関係・利害関係を持っており，日本の立場を常に支持してくれるような国を想定するのは非現実的である。特にロシアおよび中国と陸上で近接する中央アジア諸国が，両国の意向を全く無視して日本と手を結ぶとは考えにくい。従来から日本政府が時折言明してきたように，ロシアや中国と共存しながら中央アジアに関与していかなければならない。同時に，中央アジア諸国，ロシア，中国と欧米諸国とが深刻な対立に陥らないよう，日本が仲介役として機能すべきだろう(第7章岩下論文参照)。

　筆者の提案は，言葉を換えれば，反欧米的な偏狭なアジア主義ではなく，ユーラシアの，そして世界の他の地域に開かれたアジア主義に基づく独自外交をさらに追求すべきだということでもある。中央アジアの人々にとって日本はまぎれもなく東洋／アジアの国であり，日本にとっても他の東アジア諸国や中央アジアを包含するための地理的概念はアジアしかないのだから，アジアとしてのつながりを強調するのは自然である。同時に現状では，日本と中央アジア諸国にとって，欧米やロシアなど他の諸国との関係がおそらく最重要であり，むしろ双方の外交の多方向性を保つための仕掛けとしてアジア志向を唱えるべきなのである。

　ここで特に留意しなければならないのは，米国との関係であろう。日本にとって米国は最も重要な国であるが，世界における米国のモラル・オーソリティは，イラク戦争によって決定的に傷つく以前から低落傾向にあり[35]，一時よく言われたような，米国が唯一の「世界帝国」であるというような状況

にはほど遠い。米国は相対的に世界の最強国ではあるが，中国，ロシアなどの地域大国も国際的な権力を分有しているのが現状である。そうした状況の中で，米国と基本的に近い立場にいる日本が，単なる米国の代理人としてではない独自の存在感を強めるのは，米国の利益にもなるはずである。中央アジアに関しては，米国自身がこの地域での外交にやや自信を失っていることもあって，日本と米国のアプローチの違いが両国間で大きな問題になってはいないが，将来もしも意見対立が起きた場合は，粘り強く理解を求めていくしかない。

　日本が中央アジアでの存在感を示すための方法としては，これまで消極的であった経済交流，特に投資を積極化すべきことは言うまでもない。だが政治レベルでも日本の存在感を示す方法は十分にある。日本以外の国々の存在感も，現地のマスメディアや政治指導者の発言の中でそれらの国がどのくらい取り上げられているかによるところが大きい。まさに「ワード・ポリティクス」[36]である。したがって日本が中央アジア諸国を重視しているというメッセージを，出し惜しみせずしつこいくらい発信し続けること，特に首相やその他の大臣が言い続けることが重要である。現地で引用されるのは，まさにこのレベルの人々の発言だからである。

　今後，日本が中央アジアへの関与を拡大するための制度的枠組みとしては，まずは「中央アジア＋日本」対話を拡充するのが適切だと思われる。ただし中央アジア諸国の多様性への対処のためには，5カ国をまとめる対話と並行して，それぞれの国の個性に応じた関与の戦略を打ち出す必要がある。現に外交・援助の現場のレベルでは，ODAの内訳(無償資金協力，技術協力，借款)が対象国によって大きく違うことからも分かるように[37]，各国との協力は個別に進められているが，例えば資源開発，市民社会の育成，貧困の解決のように，各国との協力における重点目標をより明確に示すとよいだろう。最も微妙な問題を生じうるトピックは民主化であるが，イデオロギー的な民主化要求が現地で招く反発を十分に意識しながらも現状に迎合はせず，中央アジア諸国民自身の幸福という観点から，人権侵害の防止とガバナンスの向上のために地道な助言を行っていく必要があろう。

注
 1）日本の中央アジア外交を扱った英語・ロシア語の数少ない研究文献のほとんどは，カスピ海地域の石油・ガスへの日本の関心を過度に強調している。Kent E. Calder, *Japan's Energy Angst and the Caspian Great Game*, NBR Analysis, vol. 12, no. 1 (Seattle: The National Bureau of Asian Research, 2001) ⟨http://www.nbr.org/publications/analysis/pdf/vol12no1.pdf⟩; Michael Robert Hickok, "The Other End of the Silk Road: Japan's Eurasian Initiative," *Central Asian Survey* 19, no. 1 (2000), pp. 17-39; Esen Usubaliev, "Politika Iaponii v stranakh Tsentral'noi Azii v kontekste vozmozhnogo poiavleniia novogo tsentra sily," *Tsentral'naia Aziia i Kavkaz*, 2001, no. 5, pp. 159-165; A. E. Abishev, "Politika i interesy Iaponii," in B. K. Sultanov, et al., *Politika i interesy mirovykh derzhav v Kazakhstane* (Almaty: Daik-Press, 2002), pp. 175-186. クリストファー・レンは，主に二次文献に依拠しながらも，日本がエネルギー競争よりも地域の安定化のための長期的支援に重点を置いてきたことを正しく指摘している。Christopher Len, "Japan's Central Asian Diplomacy: Motivations, Implications and Prospects for the Region," *The China and Eurasia Forum Quarterly* 3, no. 3 (2005), pp. 127-149, esp. p. 129.
 2）アジア主義の成立の背景は，日本国内の事情を含め複雑だが，ここでは深入りしない。竹内好は，西郷隆盛からいわゆる昭和ファシズムに至るまで，国内の愛国心誘起や社会改造とアジア進出を関連させる思考方法が連続していたと指摘している。竹内好「日本のアジア主義」（初出1963年）竹内好『日本とアジア』ちくま学芸文庫，1993年，314-316頁。
 3）山室信一「日本外交とアジア主義の交錯」日本政治学会編『日本外交におけるアジア主義（年報政治学1998年度）』岩波書店，1999年，3-32頁。
 4）井上寿一『アジア主義を問いなおす』ちくま新書，2006年，79-86頁。
 5）同書94-98，115-121，206-207，211-213頁。
 6）Kent E. Calder, "Japanese Foreign Economic Policy Formation: Explaining the Reactive State," *World Politics* 40, no. 4 (1988), pp. 517-541. カルダーの「外圧反応型国家論」をめぐる論争については，宮下明聡，佐藤洋一郎編『現代日本のアジア外交：対米協調と自主外交のはざまで』ミネルヴァ書房，2004年（特に，宮下明聡「分析の枠組み」4-8頁，平田恵子「インドシナ外交」16-28頁），参照。
 7）渡辺昭夫「戦後日本の出発点」渡辺昭夫編『戦後日本の対外政策：国際関係の変容と日本の役割』有斐閣，1985年，12-23頁；井上『アジア主義を問いなおす』225-226頁。
 8）井上寿一「戦後日本のアジア外交の形成」日本政治学会編『日本外交におけるアジア主義』（前掲）143-144頁。
 9）平田「インドシナ外交」28-51頁。
10）2000年頃までの日本の中央アジア外交の分析としては，以下の拙稿も参照。Uyama Tomohiko, "Japanese Policy in Relation to Kazakhstan: Is There a

'Strategy'?" in Robert Legvold, ed., *Thinking Strategically: The Major Powers, Kazakhstan, and the Central Asian Nexus* (Cambridge, MA: American Academy of Arts and Sciences, 2003), pp. 165-186. 同稿の編集過程で生じた誤りを訂正したうえで増補改訂したロシア語版は，Uyama Tomohiko, "Politika Iaponii v otnoshenii Kazakhstana: Est' li 'strategiia'?" in Robert Legvold, ed., *Strategicheskie perspektivy: vedushchie derzhavy, Kazakhstan i tsentral'noaziatskii uzel* (Cambridge, MA: American Academy of Arts and Sciences, 2004), pp. 197-224.

11) 坂本勉「アブデュルレシト・イブラヒムの再来日と蒙疆政権下のイスラーム政策」坂本勉編著『日中戦争とイスラーム：満蒙・アジア地域における統治・懐柔政策』慶応義塾大学出版会，2008年，1-37頁；松長昭「東京回教団長クルバンガリーの追放とイスラーム政策の展開」同書179-232頁。

12) 松長「東京回教団長クルバンガリーの追放」215-218頁。

13) 「中央亜細亜横断鉄道計画の全貌」『大陸新報』1942年2月20日〈http://www.lib.kobe-u.ac.jp/das/jsp/ja/DetailView.jsp?LANG=JA&METAID=00103806〉。

14) ソ連崩壊前後の時期のアカエフと日本外交官らの親密な関係については，次の文献も参照。枝村純郎『帝国解体前後：駐モスクワ日本大使の回想1990～1994』都市出版，1997年。

15) 実際にはアカエフの「親日」的態度は彼なりの全方位外交の現れであり，彼はロシア・欧米などの諸外国にも同様に親しげな態度を示していた。クルグズスタンの「親日」性を強調した田中哲二大統領顧問も，この点を冷静に観察している。田中哲二『キルギス大統領顧問日記：シルクロードの親日国で』中公新書，2001年，98-101頁。

16) 例えば中山恭子元駐ウズベキスタン大使は，「ウズベキスタンを訪ねたら，日本人であればどなたでも，まるで古き良き時代の日本に来たかと，ほっとした気持ちになることでしょう」と述べている。中山恭子『ウズベキスタンの桜』KTC中央出版，2005年，10頁。

17) 孫崎享「中央アジアで何が起こっているか：ウズベキスタンと日本外交」『中央公論』1994年5月号，160頁。

18) 中央アジア現地のアナリストの中には，日本が米国の「従順な部下」として，1990年代後半からウズベキスタンを中心とする中央アジアへの経済支援を開始したとする見方もあるが(Esen Usubaliev, "Aspekty iaponsko-amerikanskogo sotrudnichestva v Tsentral'noi Azii," *Tsentral'naia Aziia i Kavkaz*, 2004, no. 2, pp. 167-174)，事実に反する。日本は米国に先んじて，独自の意図でウズベキスタンに関与したのである。

19) 孫崎享「外交力強化にはまず日本の関係者との協力関係を：人間関係は工学部的発想で」『外交フォーラム』1995年8月号，71頁。その後さらに十数年が経ち，中央アジア諸国の民主化は前進どころか後退する傾向にあるが，「性急な民主化」は不要だとする意見は今も大使クラスの官僚に根強い。「中央アジア・カフカス3大使座談会」『毎日新聞』2008年3月11日，参照。

20）この事件について詳しくは Uyama, "Japanese Policy in Relation to Kazakhstan," pp. 173-174 参照。
21）Watanabe Koji, "Japan and the New Central Asia," in Sherman W. Garnett et al., *The New Central Asia: In Search of Stability* (New York, Paris, and Tokyo: The Trilateral Commission, 2000), p. 39.
22）外務省の新独立国家室（ロシア以外の CIS 諸国すべてをカバーしていた。第 1 章廣瀬論文参照）は，2004 年度に中央アジア・コーカサス室に改組。2005 年 1 月にトルクメニスタンに日本大使館（兼勤駐在官事務所）が開設されたことで，中央アジア 5 カ国への大使館設置が完了した。
23）「川口外務大臣演説：日本の新たな対中央アジア政策に関するスピーチ『新たな次元へ：中央アジア＋日本』」〈http://www.mofa.go.jp/mofaj/press/enzetsu/16/ekw_0826.html〉。河東論文（第 2 章）も参照。
24）2006 年 11 月の演説は，麻生太郎『自由と繁栄の弧』幻冬社，2007 年，24-41 頁。6 月の中央アジア演説は，同書 220-234 頁。なお，後者の中で麻生が中央アジアの重要性を説く際，中央アジアを「弱い環」，「いつ発火するとも知れないマグマ」と呼んでいるのは，この地域の不安定性の誇張である。ソ連崩壊以来，中央アジアが域外に対する大きな脅威の源となったことはない。
25）S. Frederick Starr, *A "Greater Central Asia Partnership" for Afghanistan and Its Neighbors* (Washington, D.C. and Uppsala: Central Asia-Caucasus Institute & Silk Road Studies Program, Silk Road Paper, 2005).
26）麻生『自由と繁栄の弧』46 頁。
27）麻生太郎『とてつもない日本』新潮新書，2007 年，161 頁。
28）麻生『自由と繁栄の弧』5, 154 頁。
29）麻生『とてつもない日本』173 頁。
30）安倍晋三首相と麻生外相の路線の齟齬については，湯浅論文（第 4 章）参照。安倍は米軍占領下で制定された憲法の改正を主要目標に掲げる政治家であり，基本的に親米ではあるものの，「普遍的価値」を麻生ほど素直に支持できなかったと思われる。
31）地政学的位置と資源の豊富さは，『外交青書』で何度もセットにして言及されている（2004 年，2005 年，2007 年版）。資源開発の重要性には，橋本首相のシルクロード外交演説も，川口外相の「中央アジア＋日本」対話演説も触れていた。なお，資源開発・輸送への関与は，近年カザフスタンでのカシャガン油田開発（日本の INPEX 社が参加）が進み，またウランやレアメタルが注目を浴びることによって，ようやく本格化してきている。2007 年にいくつもの日本企業がカザフスタンのウラン鉱山開発・生産への参画を開始したが，これには 2005 年 11 月と 2007 年 4 月の官民合同ミッション派遣（2007 年のミッションは甘利明経済産業相が率いた）など，政府の強力な後押しがあった。
32）言うまでもなくこれは，アジア太平洋外交や欧米諸国との連携といった既存の外交路線や，アフリカ支援の活発化などの新しい課題を排除するのではなく，併存すべき

ものである。筆者が「拡大東アジア」や「東部ユーラシア」という言葉を使うのは，「自由と繁栄の弧」におけるように中央アジアを日本の世界戦略に直接結びつけるのではなく，まずは周辺地域の文脈に位置づけることによって現実的なアプローチが可能になるという趣旨に基づく。

33) Uyama, "Japanese Policy in Relation to Kazakhstan," p. 185.
34) 例えばカザフスタンのヌルスルタン・ナザルバエフ大統領は，カザフスタンはその「地政学的位置と経済的ポテンシャル」から言って，「狭い地域的問題の中に閉じこもっている権利を持たない」と述べている。B. K. Sultanov, "Aziatskii vektor vneshnei politiki Respubliki Kazakhstan," in *Kruglyi stol: Kazakhstansko-iaponskoe sotrudnichestvo: sostoianie i perspektivy* (Almaty: KISI pri Prezidente RK, 2007), p. 5.
35) 宇山智彦「中央アジア不安定化の予測はなぜはずれるか：『テロ』問題の背後にある『国家』の問題」『情況』2002年3月号，61-79頁。
36) 田中明彦『ワード・ポリティクス：グローバリゼーションの中の日本外交』筑摩書房，2000年。
37) 比較的豊かで自助努力の余地が大きいカザフスタンに対してはインフラ整備のための円借款がODAの大部分を占めるのに対し，ウズベキスタン，クルグズスタン，タジキスタンに対しては無償資金協力・技術協力により草の根無償，人材育成などのきめ細かい援助が行われてきた（ただしウズベキスタンについては円借款も多い）。内戦でインフラが破壊されたタジキスタンに対しては無償資金協力によるインフラ整備も多く行われてきた。トルクメニスタンはサパルムラト・ニヤゾフ政権が外国支援受け入れに消極的だったため，ODAの実績はわずかである。ODA関係のデータ・情報は，外務省ウェブサイトの「日本のODAプロジェクト：欧州（NIS諸国を含む）」コーナー〈http://www.mofa.go.jp/mofaj/gaiko/oda/data/gaiyou/odaproject/europe/index.html〉から得られる。

第6章　対中央アジア協力の現状と課題
——機能主義の観点から

ティムール・ダダバエフ

　中央アジアはロシア，中国といった大国に挟まれている。その影響は中央アジアの中でも国によって異なるが，諸大国の国益やそれを確保するために用いる財源，中央アジア各国の国民がこれらの国々をどのように見ているかにもかかっている。例えば，ロシアは歴史的に中央アジアにおいて影響力を持っている。その理由としては，政治的影響力，経済的なつながり，中央アジア諸国民の構成（ロシア人ディアスポラがいることや国民の多くがロシア語に堪能であることなど），そして地理的に隣接していることが挙げられる。ロシアの影響力は，二国間レベルと多国間（独立国家共同体：CIS）レベル双方に見受けられる。

　中国もこの地域に関心を持っており，中央アジア諸国の安定と現状維持をロシアに次いで強力に支持するパートナーとして，さまざまな政策を打ち出している[1]。中国政府は中央アジア諸国がガバナンスや人権問題に直面しているにもかかわらず，これらの政府を支持している。さらに，中国主導の上海協力機構（SCO）における協力は中央アジア諸国と中国の関係強化を促進する機動力となった[2]。

　これらのイニシアティヴと比べると，日本の中央アジアにおける取り組みはまだ関与のあり方を模索している段階にある。確かに，ソ連崩壊以降，日本の地位は政府開発援助（ODA）やさまざまな支援を通して強化されてきた[3]。これらは中央アジアにおける日本の重要性を確立したと言っても過言ではな

い。しかし同時に，日本と中央アジア諸国の関係が持つ潜在的可能性が現状では日本にとっても中央アジアにとっても十分に活かされていないという意見がある。

このようななかで，中央アジア諸国と大国の間に見られる協力をどのように概念化すべきか。これらの協力関係に影響を及ぼす要因は何か。日本が中央アジアとの関わりをよりダイナミックなものにするうえで，ロシアや中国と中央アジア諸国の協力関係はいかなる示唆を与えるのか。本章はこれらの問いを取り上げ分析する。

構成として，第1節では，これまで中央アジアで展開してきた多国間の協力イニシアティヴを理論的な側面から検討し，特に機能主義に注目が集まっていることを指摘する。つづく第2節では，機能主義がなぜ中央アジアで重要性を増し，この地域の各国政府からも事実上支持されているのかを検討する。ここでは，別の章で詳しく分析される上海協力機構やユーラシア経済共同体(EurAsEC)については詳述せず，これらの協力体制においてなぜ機能主義が適用されているのかに焦点を当てる。そのうえで，第3節は，機能主義的なアプローチが中央アジアにおける日本の外交政策に適用された場合，より良い結果を生み出すという仮説を立てる[4]。それを明らかにするために，第4節で，日本の支援をもとに開始しているプログラムを取り上げる。ここでは，多くのプログラムの効率を上げる必要があること，これらのイニシアティヴが重要性を持ち中央アジア諸国から非常に高く評価されつつも，さまざまな問題に直面していることを指摘する。そして第5節では，日本および他国が中央アジアで実施している取り組みが，中央アジアの一般国民からどのように見られているかに言及する。具体的には，著者が担当したアジア・バロメーター・プロジェクト世論調査の中央アジアに関する2005年のデータを使用する。以上を踏まえ，最後に結論を述べる。

1　国際協力の理論と実践

国際協力に関しては国際政治学や国際関係学のさまざまな理論が存在する。

中央アジア諸国とロシアや中国との協力についてもさまざまな理論で分析されている。各理論は独自性を強調するため，中央アジアをめぐる協力関係において重要だと強調される点はまちまちである[5]。しかし，協力関係を理解するうえで理論的な観点の必要性を否定することはできない。例えば，国際協力の政治的側面を最も重視する理論は，国益や相対的・絶対的利得こそが協力関係の成功と失敗を決める決定的要因であると主張する。経済的側面から協力の仕組みを分析する理論は，経済関係の強化，国家間貿易の活発化，関税同盟，自由貿易地域，共同市場および経済共同体を，より親密な協力関係を示す要素として挙げる[6]。国家間関係を社会・文化的観点から検討する理論は，国家単位と地域全体の価値観やアイデンティティを強調する。そのうえで，さまざまなアイデンティティと価値観をまとめることができるかどうかが協力関係の鍵を握っていると述べる[7]。

　これらの理論的観点はいずれも正当な研究アプローチだが，近年の中央アジアにおける国家関係に鑑みると，機能主義の重要性が増していることが分かる。機能主義(特定のより狭い分野・領域における段階的なかつ専門家・技術者同士の親密な共同作業・対話に基づいた国家間協力)のアプローチは，諸国の政治，外交，国家間協力における多くの課題を達成するうえで，最も重視されている。中央アジア各国の政府は，機能主義という言葉こそ使わないものの，独立後時間が経つとともに機能主義的なアプローチへの支持を段階的に強めていった。この認識は特に，中央アジア諸国とロシアの協力関係から影響を受けている。

　中央アジア諸国の国家間協力に対する姿勢には2つの要因が影響を及ぼす。第一はCISのこれまでの失敗と構造的弱点である。第二は，中央アジア諸国の機能主義に基づく協力実現への支持である。言い換えれば，機能主義が分野ごとの段階的な進み具合を示すという意味で，各国の国益にとってより効果的であるという考え方が存在する。

　これまで，中央アジア諸国は旧ソ連地域・CIS内の協力を，共通の歴史やユーラシアのアイデンティティなどに基づいて構築しようと試みてきた。しかし，各国は課題に対する認識や取り組み方の違い，開発および経済の構造

や制度の違いに直面し，建設的な結果を出すことができなかった[8]。そもそも，CISという仕組みはソ連崩壊に対する反応であり，旧ソ連諸国の関係悪化を避けることが目的だった。つまり，CISは新たな協力関係の仕組みの構築ではなく，国家関係の現状維持を目標とした。CIS内の協力は数百の協定を生み出したが，これらの大半は実現に至っていない。結果として，中央アジア諸国を含む旧ソ連諸国は，大きくて運営しにくい国家間協力の仕組みに拒否反応を起こした。彼らは，CISとは対照的に目的が絞られており，目標もはっきりしている上海協力機構やユーラシア経済共同体のような地域もしくは準地域単位の仕組みを重視し始めた。各国にとっては，従来の協力や統合の仕組みよりも地域主義や域内協力のほうが効率的となった[9]。その意味で，小規模で運営しやすく効率が高い，機能主義に則った協力の仕組みを構築することは，ソ連解体を混乱なく行うことをねらったCISとは本質的に目的が異なる。それと同時に，新しい仕組みは，政治的独立と自立した経済発展を訴えてきた中央アジア諸国にとって，やはり協力し合う必要のある分野や領域が存在すると認めたことの現れでもある。

　国家間協力における機能主義的アプローチの本質は，社会的，技術的，人道的領域と政治的領域を切り離し，各分野における協力を進めることができることである。しかも，機能主義によると，政治的領域における協力は，社会，技術，人道面での協力の成功と必ずしもつながっておらず，政治的な分野における協力がなくても他の分野において協力を進めることができる[10]。例えば，上海協力機構の場合は国境画定が，ユーラシア経済共同体の場合は経済協力強化がそれに当たる。これらの事例からも分かるように，機能主義に沿って進める協力の仕組みは，まず各国が最重視する具体的課題の解決に焦点を当て，一定の成果を達成すると次の領域に拡大する。実際，国家間協力における機能主義の重要性を主張する学者や実務関係者は，人（政治家や官僚）による管理制度よりもさまざまな課題を解決できる制度の存在が重要であるというミトラニーの言葉を強調する[11]。さらに，機能主義は国家間協力が経済・社会分野から政治分野に波及する可能性を指摘する。この考えに従えば，ある分野における協力の歴史と結果はさらに複雑な協力をもたらす

可能性がある[12]。また，そのような協力は問題解決だけでなく国家間の信頼強化につながる可能性も高い。これらの機能主義の主張と新機能主義による国家間協力の「拡大論理」[13]をあわせれば，中央アジア諸国と日本の協力関係を進めるうえで重要な示唆を与える[14]。

2 中央アジアにおける域内協力と機能主義

　中央アジアにおける国家間協力を(機能主義に基づいて)一定の成功に導いた要因は，明確な目標と，それを達成するための実現可能で具体的な実施計画，そして資源である。これらの要因の重要性を示す成功例と失敗例がある。
　例えば，既に述べたとおり，CISの目標はソ連解体後の国家間関係の維持だった[15]。当初，CISはこれ以外の目標を設定せず，多様な領域の協力強化と新たな機構・仕組みを進めたものの，目標と各国の決意が合致せず，多くが失敗した。CISとは対照的に，上海協力機構やユーラシア経済共同体は，まだ初期段階にあるにもかかわらず，成功する条件が多く揃っている。なかでも重要な条件は，参加国が直面している経済(資源の取り扱い，貿易，交通インフラなど)と安全保障(宗教的過激派対策，国境画定，米国の影響力の中央アジアへの拡大)の問題に対する認識とその解決への姿勢が一致していることである。このことが諸国間の協力を促進し，当初上海協力機構の参加国ではなかった国までもが次第にその効果を認め，加盟申請を検討し始めた。同機構が設立当初の目標だった参加国間での国境問題を解決し，分離主義勢力への対策を共有するようになると，目標は経済分野(パイプラインや交通ルートの建設，物流拡大など)における協力へと拡大した。上海協力機構の発展は，特定の分野における協力の成功がより複雑な仕組みへと拡大することを示すものである。逆に，協力の目標が実現不可能なものになると，仕組みの効率が低くなり，参加国からの支持も弱まる。CIS自体，近年はこれまでの幅広い協力から経済分野に絞り，構造や機能を立て直そうとしている。
　明確な目標・計画と同様，国家間協力における重要な要因として，国家間の信頼関係構築が挙げられる。CIS，上海協力機構，ユーラシア経済共同体

の事例に鑑みても，地理的，政治的，経済的に規模が小さい国はそれらが大きい国との協力に慎重であり，大国に政治・経済分野で圧倒されることを危惧する。それは特に協力の初期段階に顕著である。したがって，国家間協力が成功するか否かは，参加国間で信頼関係をどこまで構築できるかに左右される。その意味では，中央アジアにおける国家間の信頼を強化するうえで日本が打ち出している「中央アジア＋日本」という仕組みの役割は非常に重要である。日本が距離的に離れており，中央アジア諸国との間に国境問題もないことから，中立的な立場でこれらの国々の信頼強化に貢献できると考えられる。

　国家間協力を進める際に機構を設けることが急務とされることが多いが，機能主義はそれに慎重であり，段階的な進展の必要性を強調する。むろん，協力を支える機構の必要性を否定はしないが，機能主義は，機構の設置が最終目標ではなく，あくまでも協力を強化するものにならなければならないと主張する。そのような機構は国家間協力の進展に伴って設けるべきであり，機構の設置を急ぐと逆効果に終わってしまうことがある。このような観点から見れば，中央アジアにおける協力の初期段階でEUや東南アジア諸国連合（ASEAN）のような機構を設けることは望ましいと言えない。

　以上を踏まえると，中央アジア諸国と域外の国々の協力に適した分野としては，当面，経済発展，市場開発，資源とその輸出ルート開発，水問題管理などが挙げられる。これらは中央アジアの長期的発展のみならず，域内の信頼強化と安全維持にとっても重要である。

3　日本の中央アジア政策と協力領域[16]

　2006年8月に小泉純一郎首相が，資源豊富で戦略上重要なカザフスタンとウズベキスタンを訪問したことは，日本の中央アジア政策強化を示しており，日本とこの地域との関係にとって重要な意味を持つ[17]。この訪問は，従来の日本の対中央アジア政策を継続しつつこの地域との関係を構築する方向性を模索する一つの機会になった。中央アジア諸国が独立した当初，日本は

中央アジアを旧ソ連地域の一部とみなしたうえで，「中央アジア外交政策」を形成しつつあった。それは橋本龍太郎首相のユーラシア外交という概念にも表れている。柱となったのは，政治対話，経済協力，中央アジア地域の民主化と安定化だった。中央アジアの国々と二国間関係を維持しながら，中央アジアをロシアを中心としたより広いユーラシアの一部とみなして接することが意図された。

　このような政策は橋本政権でこの政策の形成と実施に関わった小渕恵三が首相となった後も継続された[18]。さらに，上海協力機構の活発化や中国の中央アジアにおけるエネルギー資源確保，ユーラシア経済共同体を通したロシアの影響力拡大を受け，小泉政権は日本の中央アジア政策転換を試みた。その一例は，川口順子外相が2004年8月に打ち出した「中央アジア＋日本」という対話の仕組みであった。これが他の仕組みと比べて特徴的なのは，地域としての中央アジアの能力を強化し，さまざまな問題を地域単位で解決できるよう支援することだった。川口外相の後任である麻生太郎外相も政策の継続に努め，中央アジアの地域としての一体化と，統合，民主化，市場経済化を支援し続けていくことを強調した[19]。中国やロシアは，このような日本の積極的な取り組みを，自国の国益への脅威として警戒しているという見解もある。日本の取り組みが実際に他国の国益を脅かしているかは，今後の情勢の推移を見守る必要がある。しかし，小泉首相の中央アジア訪問は，日本が中央アジアに積極的に関わろうとしていることの現れだと言うことができるだろう。

　日本の支援対象領域は多数あるが，特に，教育，経済発展，政治改革が挙げられる。また，日本は中央アジアの資源を利用することで，自国の資源不足や中東への依存を改善しようとしている。さらに，中国が中央アジアからの資源ルートの確保を積極的に進めていることも[20]，日本が中央アジアを支援する動機を強めている。例えば，小泉首相はカザフスタン訪問の際にウラン開発などに関する覚書や協定を交わしたが，このことは日本の商社にもある程度の安心感を与えただろう。ウズベキスタン訪問の際は，エネルギー資源に加え，さらに2つの分野における協力が提唱された。それは，日本への

留学生の増加と,政治改革および人権問題の改善であった。教育支援に関しては,「中央アジア＋日本」の枠組みを通して,中央アジアから多くの研究生や研修生が日本の大学や研究機関で教育を受けられる条件を整えることが決められた[21]。このような支援は民主化や人材開発にも貢献するものである。また,ウズベキスタンの教育制度改革を通して,政策決定過程に若い人材を導入することが意識されている。政治改革および人権問題の改善に関しては,前の年にウズベキスタンで,政府部隊が市民に対し過剰な暴力を用いたと欧米諸国から批判を受けたアンディジャン事件が発生したのだが,この事件後に先進国のリーダーとして初めてウズベキスタンを訪問したのが小泉首相だった。

　以上の例からも分かるとおり,日本は中央アジアとの関わりを深めるうえで,機能主義的なアプローチを採用している。それは特に,エネルギー資源開発と教育の分野で活発化することが予想される。このような日本の動きは,現実的かつ機能的な戦略に変化しつつあるとも言える。今後の課題は,協力の目標をどのように計画し,いかに実施するか,そして,そのような協力を通して何を目指すのかを明確にすることである。それに加え,中央アジアにおいて日本が支援すべきプロジェクトと,各国が自力で実行できるプロジェクトの基準を明確にすることが求められている。日本による支援の効果はそのような基準の有無によって決まると言っても過言ではない。

4　これまでの日本による支援とその効果

　日本のさまざまな機関が多くのプログラムや分野において中央アジア諸国に支援を提供している。なかでも,教育機関に対する技術支援,奨学金・助成制度や農業セクターに対する支援実施は特別な位置を占めている[22]。これらは戦略的に重要と思われる分野に集中しており,長期的に考えれば他の分野における支援よりも効果的だと考えられる[23]。

　しかし,その実施面では検討すべきいくつもの事例が存在する。既に述べたように,機能主義は協力領域の特定を重視するが,協力の内容こそが,協

力が成功するか失敗するかを決める重要な要因である。仮に，国家間協力の対象になっている分野へ日本から多大な資金が投資されても，その分野自体が適正に特定されなければ，効果は低く，場合によっては逆効果になることもある。

また，中央アジアでは支援が必要な分野が多いため，各国が自力で達成できることとそうでないことを認識する必要がある。そのうえで，中央アジア諸国に不可欠ながら自力では実現できない事業に援助することが，より効果的な結果につながる。例えば，インフラ支援は良いことだが，この分野は各国の国家予算や多国籍企業による投資の対象になっていることが少なくない。一方，一国では解決できない課題（水問題，資源・国境地域共同利用など）に焦点を当てる計画は，それが中央アジア全体の将来に重要であっても，規模が大きく他国を巻き込むため支援されないことが多い。そのため，日本のODA支援は，地域全体を巻き込み，国家間関係を強化するような課題に焦点を当てることを検討する必要がある。

さらに，中央アジアにおける人道的なODAや経済支援（ローン，助成金）の重要性は否定できないが，これらの枠組みでは，具体的かつ経済成長に直接的につながる見通しが立つ事業を優先的に支援することが望ましい。例えば，工場建設や農園支援だけでなく，そこで生産された製品・作物の輸出や市場ルートの開拓もODA支援事業の一部として検討することが望まれる。ここではODA受け入れ国の役割も大きい。

技術支援の一環としてパソコンなどを提供し，各教育機関を強化する事業は，日本の支援過程で見られる課題の一例を示している[24]。確かにこのような支援は重要であり，中央アジア各地の学校から歓迎される。そのような支援の長期的な効果もコストよりはるかに大きい。しかし，パソコンは日本政府が現地の技術支援として提供した資金によって日本もしくは海外から輸入されるため，コストは倍増する。結果として，現地で調達や組み立てが可能なパソコンよりもはるかに高いものが調達され，提供の対象になっている学校に届けられる数は少なくなる。しかも，届けられたパソコンが適正に使用されるかというと必ずしもそうではない。例えば，とある学校でそのような

パソコンが設置されたが，インターネットのコストが高すぎるため，パソコンは使われないか，事実上タイピングの練習に使われた。パソコンがレポート作成のために使われても，多くの学校ではレポートを印刷するためのインクや用紙がないというのが現状である[25]。ただし，そのような学校では，パソコン室はほとんど使われなかったとしても校長にとって誇りの対象である。彼らから見るとパソコン室の存在は学校の技術レベルを示すものであり，訪問団が学校を訪ねた時の見せ場である。訪問団が帰ると，パソコン室は閉められ，次の訪問団が来るまでほとんど使われない。このような校長や管理者に，パソコン本体が新しくても使われなければ古くなっていくことを理解してもらうことは非常に難しい[26]。

　もう一つの例として，日本の支援で立ち上がった教育プログラムがある。中央アジア諸国では日本人材開発センターなどで非常に重要な人材教育が行われているが，その内容についても多少の再検討が必要である。多くのセンターが日本語講座を開き，日本語教育を行う多くの教育機関に助言や支援をしている。これらは疑問の余地がないほど重要な活動である[27]。しかし，そのような講座や日本語学科の教育機関を卒業しても就職先を見つけるのは非常に難しい。日本語能力に加え専門性を求める求人が多く，そのような要求に応えうる能力開発が求められている[28]。

　仮に，日本語講座や日本語学科を卒業して日本の大学に入学しても，それが良い結果につながるとは限らない。例えば，2004年8月末の川口外相による中央アジア訪問の際に発表された日本の対中央アジア政策拡大の一環として，多くの中央アジア出身の研修生や専門家を日本に招聘する目標が立てられた。これは，専門知識の交換や交流の促進が主な目的である。しかし，研修生が日本で得る知識を中央アジアで適用できるかについては不明な点が多く，コストの効果的な使用が課題として残る。そこで，並行する案として考えられるのは，日本の専門家による中央アジア地域内での研修・訓練プログラムの設立・強化である[29]。まず，日本の専門家を現地に派遣し，現地の専門家に訓練を行う。そのうえで，訓練を受けた中央アジア出身の専門家を訓練教員に任命し，日本の専門家の指導の下で中央アジア出身者自身による

訓練プログラムを開発する。これは，中央アジアの専門家の知識強化に加え，持続的訓練を可能にし，中央アジアが新たな問題に地域内で対応する能力を育てることになる。このようなプロジェクトを一国レベルで行うのは困難だが，地域共通の訓練所を建設・支援することで，中央アジアの専門家の協力関係や地域共通の問題意識を強化することができる。特に，中央アジアにとって戦略的に重要である水問題，農業政策，平和構築や国境地域における土地の共用といった課題に適用できるだろう。

　同様の状況は日本による中央アジアの農業セクターに対する支援にも見られる。中央アジアのとある国では，日本による支援の一環として農業機械が農民に配布された。ロシアやベラルーシといった旧ソ連諸国で作られた機械よりも海外で生産されたこれらの機械を利用すれば，農民の生産性が上がると思われた。しかし農民は複雑な気持ちでいた。一方で，無料で配布されたこれらの機械を拒否する理由はなかった。これらの機械がうまく機能している間は特に問題もなく，生産率もロシアやベラルーシで作られた機械より高かった。しかし，問題はこれらの機械が壊れたとき明らかになった。機械のメンテナンスは，農民やこれまでロシアやベラルーシの機械を直し慣れている技術者ではなく，サービスセンターから派遣される技術者が行わなければならなかった。そのコストは高く，部品の調達も容易でなかった。結局，農民は旧ソ連地域で作られた機械のほうが使いやすいとの意見を出した。彼らによれば，旧ソ連地域のものならば，使うたびに壊れて効率が低くてもどのようにして直せばよいか分かっており，部品も比較的安く調達できる。農民のこのような意見には別の要因もあった。農民が提供された機械は大規模農家を想定して購入されたが，実際に使っていた農地はその機械には小さかった。そのため，農民は機械を複数の農家で共同で使うか，全く使わないかという選択に直面したのである[30]。

　当然ながら，これら3つのエピソードは例に過ぎず，日本と中央アジア諸国の協力関係の実態や支援のあり方を多面的に表しているとは言えないが，今後の協力関係について多くのことを考えさせるものである。3つの事例から教訓を得るとすれば，以下4点が挙げられよう。第一に，日本の中央アジ

アとの協力は再検討を必要としている。それは支援の目標と内容の設定方法について特に顕著である。第二に，協力に対する中央アジア諸国側の姿勢にも再検討が求められている。筆者が中央アジアのある官僚に上述の事例を挙げ，支援の使い方の効率について問うと，その人は「もらった馬の歯を見るな」というロシアの諺を返してきた。これが日本からの支援に対する中央アジア諸国の姿勢を表している。日本からの支援に対する「もらいもの」という姿勢を変えない限り，支援を受け入れる側の責任は重大である。第三に，日本と中央アジアの協力の効率がそれほど高くない理由として，各国政府が地域単位あるいは独自で開発した効率の高い提案をできず[31]，日本もこれまでの支援方法に頼ってしまうことが挙げられる。そして第四に，現時点では支援の(日本側と中央アジア諸国側による)事前・事後評価が十分に実施されているとは言えず，協力の効率低下につながっている[32]。これらを再検討しない限り，中央アジア諸国の多くは日本との協力を単なる資金や技術支援へのアクセスとして考えがちである。

5　中央アジア諸国の指導者と一般国民の日本に対する期待

　日本の中央アジアにおけるさまざまな取り組みの背後には，中央アジア諸国の指導者や国民の日本に対する期待がある。中央アジアの指導者の多くは，日本企業による直接的・間接的な投資を期待しており，特にエネルギー資源の開発と運搬における日本の参入を歓迎している。そういう意味では，日本の政府・企業の関心と中央アジア諸国政府の関心が一致している。また，「中央アジア＋日本」の仕組みを通して，地域統合の潜在能力を強化し，共同市場の形成や，水問題のような地域全体の安定に不可欠な問題解決を促進することが望まれている。さらに，中央アジア諸国も日本に対して親日的な姿勢を示しており，日本の国連安全保障理事会の常任理事国選出を支持し，朝鮮半島情勢に関する日本の警戒に同調している。
　このような中央アジア諸国指導者の日本に対する期待とは対照的に，一般国民は日本を評価しつつも，他の国ほど存在感を感じていない。中央アジア

の一般国民は全体として親日的だと言える。特に歴史的な問題はなく，日本文化や日本の経済発展に対する関心が高い。そのような関心は中央アジア 5 カ国で行われたアジア・バロメーター・プロジェクトの世論調査結果にも現れている[33]。日本が自国に良い影響を及ぼしていると答えた人は，カザフスタンの場合 4 割以上（「とても良い影響」と答えたのは 10.4％，「比較的良い影響」と答えたのは 30.3％）であり，ウズベキスタンでは 5 割以上（それぞれ 15.9％と 36.3％）に達した。

　他方，カザフスタンではロシアが日本以上に自国に良い影響を及ぼしていると考えられている（38.9％と 41.1％）。ウズベキスタンの場合，日本はロシア（56.8％と 34.1％）と韓国（28.6％と 40.1％）に次ぐ第 3 位に挙げられた[34]。このような一般国民の見方の背景としては，ロシアとの長年の関係とソ連時代に共有した歴史や，中央アジアに多くのロシア人と朝鮮系の人々がいることが挙げられる。近年のロシアへの出稼ぎ労働の活発化と，韓国や中国の政府・企業による中央アジア市場への積極的な参入戦略も影響している。さらに，上述の調査結果は，一般国民が自国の経済発展に直接的に貢献している国々の企業の役割を評価していることも示している。この地域におけるロシアの多大な影響は，歴史，ロシア人マイノリティの存在，そしてロシアが近年再び中央アジアに関心を高めていることから説明できるが，韓国や中国に関して言えば，これらの国々の企業が存在感を増していることが一般国民の認識に影響を与えていると言える。韓国や中国は中央アジアにおける支援に加えて企業レベルでも関係を発展させ，乗用車工場から電化製品生産に至るまで生産活動を展開している。これは，日本の中央アジアにおける取り組みを再考させるデータだと言える。その際，機能主義的なアプローチは，日本の中央アジアとの協力を考え直すうえで重要な理論枠組みになると考えられる。

結　論

　日本と中央アジアの関係にはさまざまな潜在的能力がある。しかし，これ

までの協力においてそれが十分に発揮されたとは必ずしも言えない。ソ連崩壊後における日本の中央アジア政策にとって最大の欠点は，目標とその目標を達成するための計画，そして協力関係におけるダイナミズムの欠如である。その意味では，2006年の小泉首相の中央アジア訪問は関係を転換し強化する契機となった。しかし，いまだいくつかの課題がある。まず，日本の中央アジア戦略を整理し，部分的に再検討する必要がある。その過程では，ロシア，中国，韓国などの戦略から学ぶことも多いと思われる。日本の中央アジア政策が成功するか否かは複数の要因にかかっている。まず，国家間協力において機能主義のアプローチを使い，明確な目標の特定，段階的な協力の推進，一つもしくは二つの分野における協力の展開を行うことが必要である[35]。限られた分野における協力の成功が新たな分野に拡大すると考えられるからである。第二に，進行中の協力の効果を査定し，さまざまな事業を事前・事後評価する過程の改善が求められる[36]。そして第三に，協力の効果と人々の生活水準への影響が日本に対するイメージと期待を形成している，ということを認識することが不可欠である。

注

1) 中央アジアと中国の関係について Gaël Raballand and Agnès Andrésy, "Why Should Trade between Central Asia and China Continue to Expand?" *Asia-Europe Journal* 5, no. 2 (2007), pp. 235-252 または『中央アジアで拡大する中国のプレゼンス：天然資源をめぐる動きと市場としての可能性(海外調査シリーズ No. 373)』日本貿易振興機構，2008年を参照。
2) 上海協力機構については岩下論文(第7章)を参照。
3) 支援や投資計画の最近の例については以下を参照。Viktor Iadukha, "Atomnyi pas'ians: Iaponiia vtorgaetsia na uranovye rynki Srednei Azii," *RBK daily*, April 26, 2007 〈http://www.rbcdaily.ru/2007/04/26/focus/273805〉; "Japan Issues Grant for Six Grassroots Projects in Uzbekistan," *Uzreport.com Business Information Portal*, March 7, 2007 〈http://www.news.uzreport.com/uzb.cgi?lan=e&id=28892&print=y〉; Zhyldyz Mamytova, "Sensei v malakhae: V Bishkeke otkryli filial iaponskogo universiteta 'Kokushikan'," Febryary 28, 2007 〈http://www.centrasia.ru/news2.php4?st=1172696520〉。日本の中央アジア政策の概念と関連データに関して，Yagi Takeshi, " 'Central Asia plus Japan' Dialogue and Japan's Policy toward Central Asia," *Asia-Europe Journal* 5, no. 1 (2007), pp. 13-16 を参照。

4) ここで言う機能主義は，二国家間にではなく多国間協力に適用できる概念として述べられている。近年の日本の中央アジアに対する外交政策は二国間関係とともに多国間の協力の拡大を目指してきた。本章で述べる機能主義の重要性はそのような多国間の仕組みに適用されるものであり，協力促進に特に効果的な概念として強調されている。機能主義について詳しくは Martin Griffiths and Terry O'Callaghan, *International Relations: The Key Concepts* (London: Routledge, 2002), p. 116; Chris Brown with Kirsten Ainley, *Understanding International Relations* (Basingstoke: Palgrave Macmillan, 2004) pp. 118-125 を参照。

5) 地域協力や統合の理論について Peter Smith, *The Challenge of Integration: Europe and the Americans* (New Brunswick, NJ: Transaction Publishers, 1992), p. 55 参照。

6) Spruyt Hendrik, "Prospects for Neo-Imperial and Non-Imperial Outcomes in the Former Soviet Space," in Karen Dawisha and Bruce Parrott, eds., *The End of Empire? The Transformation of the USSR in Comparative Perspective* (New York: M. E. Sharpe, 1997), pp. 315-337, esp. p. 319.

7) 例えば Bill McSweeney, *Security, Identity and Interests: A Sociology of International Relations* (Cambridge: Cambridge University Press, 1999) 参照。

8) 詳細は，Timur Dadabaev, *Towards Post-Soviet Central Asian Regional Integration: A Scheme for Transitional States* (Tokyo: Akashi Shoten, 2004) 参照。

9) 新しい地域主義に関して興味深い研究成果がある。例えば，Yamamoto Yoshinobu, ed., *Globalism, Regionalism and Nationalism* (Oxford: Blackwell Publishers, 1999); Edward D. Mansfield and Helen V. Milner, "The New Wave of Regionalism," *International Organization* 53, no. 3 (1999), pp. 589-627; Louise Fawcett, "Exploring Regional Domains: A Comparative History of Regionalism," *International Affairs* 80, no. 3 (2004), pp. 429-446; Raimo Väyrynen, "Regionalism: Old and New," *International Studies Review* 5, no. 1 (2003), pp. 25-52 を参照。

10) David Mitrany, *A Working Peace System* (London: Royal Institute of International Affairs, 1943), p. 7.

11) Ibid.

12) このアプローチに関する批判的な視点については，Dadabaev, *Towards Post-Soviet Central Asian Regional Integration* 参照。

13) 機能主義に対する批判者は協力における拡大効果を否定するが，新機能主義者は機能主義の主張を否定も肯定もせず，中間的な立場をとる。彼らは特定の国々が協力関係を構築すると，協力分野も増え，それが最終的に拡大していく可能性があると主張する。彼らから見ると，そのような協力は物流の自由化といった特定の分野から始まり，発展したあと新しいものに生まれ変わる。

14) Dennis Swann, *European Economic Integration: The Common Market, European Union and Beyond* (Cheltenham: Edward Elgar, 1996), p. 9.

15）このような CIS の評価は中央アジアやロシアの研究者により共有されているものである。彼らによると，「CIS の歴史的な役割は帝国解体と〔新独立〕国家建設にあり，再統合のメカニズムにあるものではない」。Dmitri Trenin, "Russia and Central Asia: Interests, Policies, and Prospects," in Eugene Rumer, Dmitri Trenin, and Huasheng Zhao, *Central Asia: Views from Washington, Moscow and Beijing* (London: M. E. Sharpe, 2007), p. 95 を参照。似たような評価について Shireen T. Hunter, *Central Asia Since Independence* (Washington, D.C.: Center for Strategic and International Studies, 1996), pp. 110-111 を参照。中央アジア出身の研究者による統合の見方について F. Tolipov, *Bol'shaia strategiia Uzbekistana v usloviiakh geopoliticheskoi i ideologicheskoi transformatsii Tsentral'noi Azii* (Tashkent: Fan, 2005) を参照。

16）本章のこの部分は，以下の論文で検討した内容を発展させたものである。Timur Dadabaev, "Japan's Central Asian Diplomacy and Its Implications," *Central Asia-Caucasus Analyst*, September 6, 2006, pp. 3-6.

17）日本の中央アジア外交について Christopher Len, "Japan's Central Asian Diplomacy: Motivations, Implications and Prospects for the Region," *The China and Eurasia Forum Quarterly* 3, no. 3 (2005), pp. 127-149 を参照。

18）日本の中央アジア外交政策の興味深い分析として，Yuasa Takeshi, "Japan's Multilateral Approach toward Central Asia" in Iwashita Akihiro, ed., *Eager Eyes Fixed on Eurasia*, vol. 1, *Russia and Its Neighbors in Crisis* (Sapporo: Slavic Research Center, Hokkaido University, 2007)〈http://src-h.slav.hokudai.ac.jp/coe21/publish/no16_1_ses/04_yuasa.pdf〉を参照。

19）Aso Taro, "Central Asia as a Corridor of Peace and Stability," *Asia-Europe Journal* 4, no. 4 (2006), pp. 491-497 を参照。

20）韓国もまた中央アジアの資源への関心を強めている。最近の動きについて，"Iuzhnaia Koreia tozhe khochet pokupat' energoresursy v Tsentral'noi Azii," *Ferghana.ru*, March 27, 2008〈http://www.ferghana.ru/news.php?id=8746〉を参照。

21）「中央アジア＋日本」対話行動計画〈http://www.mofa.go.jp/mofaj/kaidan/g_aso/cajd_06/kodo.html〉を参照。

22）日本の中央アジア政策の成果については日本外務省欧州局参事官による前掲論文 (Yagi, "'Central Asia plus Japan' Dialogue") を参照。

23）このようなプロジェクトの具体例については，マラト論文 (第8章) を参照。

24）アジア人口開発協会による「人口問題が農業・農村に与える影響に関する基礎調査」の一環として筆者が行ったインタビュー。インタビュー抜きの 2002～2003 年の「人口問題が農業・農村に与える影響に関する基礎調査」の成果に関して *Survey on Agricultural and Rural Development Based on Population Issues: The Republic of Uzbekistan* (Tokyo: Asian Population and Development Association (APDA), March 2003) と *Survey on Agricultural and Rural Development Based on Popula-*

tion Issues: The Republic of Kazakhstan (Tokyo: Asian Population and Development Association (APDA), March 2002) を参照。
25) 筆者は2008年3月に外務省関係者から技術的な支援を支給する際に請負業者の入札が行われており，その入札に日本の業者とともに中央アジアの業者も平等な立場で参加することができることを知らされた。しかし多くの場合，中央アジアの業者は日本政府から求められる書類(見積もりや他の様式の書き方など)や入札制度になじみがなく，彼らの入札への参加には課題が多い。
26) 2002年に「人口問題が農業・農村に与える影響に関する基礎調査」の一環として筆者が行った学校関係者とのインタビューに基づく。
27) 具体例についてはマラト論文(第8章)を参照。
28) このことは各関連機関でも意識されており，日本センターには日本語コースと並んでビジネスコースが設けられているが，多くの場合，その内容は理論的な知識としては意義があっても，各国においての実用性の面では課題が多い。
29) 各国に設置されている日本センターなどが開催しているコースも既にそのような活動を行っているが，その主な内容は日本語，日本文化とビジネスコースなどである。それと並行し，より専門的な知識を提供するコース(技術者，IT関連，水問題管理・測定技術など)が各国の政府機関や関係者から求められている。コストと効果の意味でも，中央アジアから日本に大勢の学生を留学させるより，中央アジア諸国へ日本から講師を派遣し，現地のニーズにあうコースを開講することはより効果的と思われる。著者が2008年8月に日本センター(11日)やウズベキスタン教育省(19日)の関係者と行ったインタビューでも似たような意見は多く聞かれた。
30) 「人口問題が農業・農村に与える影響に関する基礎調査」の一環として筆者が行ったインタビュー。なお，河東論文(第2章)が述べるように，日本の援助で旧ソ連諸国製の農業機械が供与されている例もある。
31) この点については本書の結語でも言及がある。
32) 例えば日本の円借款で整備されたサマルカンド空港の状況について，以下を参照。Tengiz Ibragimov, "Samarkand: mechta o turisticheskom rae," *Deutsche Welle*, March 25, 2008 〈http://www.dw-world.de/dw/article/0,2144,3215242,00.html〉.
33) アジア・バロメーター・プロジェクトの詳細について，猪口孝，田中明彦，園田茂人，ティムール・ダダバエフ編『アジア・バロメーター：躍動するアジアの価値観』明石書店，2007年と，猪口孝，ミゲル・バサネズ，田中明彦，ティムール・ダダバエフ編『アジア・バロメーター：都市部の価値観と生活スタイル』明石書店，2005年がある。
34) アジア・バロメーター・プロジェクトの中央アジア諸国に関する国別データについては以下の論文がある。Timur Dadabaev, "How Does Transition Work in Central Asia? Coping with Ideological, Economic and Value System Changes in Uzbekistan," *Central Asian Survey* 26, no. 3 (2007), pp. 407-428; Idem, "Post-Soviet Realities of Society in Uzbekistan," *Central Asian Survey* 23, no. 2 (2004), pp. 141-

166; Idem, "Trajectories of Political Development and Public Choices in Turkmenistan," *Asian Affairs: An American Review* 34, no. 3 (2007), pp. 131-150; Idem, "Living Conditions, Intra-Societal Trust, and Public Concerns in Post-Socialist Turkmenistan," *Central Asia and the Caucasus,* no. 4 (40) (2006), pp. 122-132; ティムール・ダダバエフ「社会主義後のウズベキスタンにおける政権支持，社会内信頼と市民参加」『東洋文化研究所紀要』第168冊，2005年12月，157-198頁；Timur Dadabaev, "Shifting Patterns of Public Confidence in Post-Soviet Uzbekistan," *Central Asia-Caucasus Analyst*, September 3, 2005, pp. 9-11. 2005年のデータについてInoguchi Takashi, ed., *Human Beliefs and Values in Incredible Asia: South and Central Asia in Focus* (Tokyo: Akashi Shoten, 2008) 参照。2003年のデータに関して，Inoguchi Takashi, Miguel Basanez, Tanaka Akihiko, and Timur Dadabaev, eds., *Values and Life Styles in Urban Asia* (Mexico City: SIGLO XXI Editores, 2005) を参照。ウズベキスタンのデータと追加のインタビューを分析した出版物として，ティムール・ダダバエフ『社会主義後のウズベキスタン：変わる国と揺れる人々の心』アジア経済研究所，2008年がある。

35) そのような協力の成功例について以下を参照。"Vsemirnyi Bank vydeliaet grant Ministerstvu sel'skogo khoziaistva RK na razvitie rybnogo khoziaistva v Priaral'e," *Kazinform*, March 28, 2008 〈http://www.inform.kz/showarticle3.php?lang=rus&id=202669〉.

36) 企画・プログラムによってそのようなデータが収集されたこともあるが，データへのアクセスは関係省庁やその関係者に限られることが少なくない。国際協力機構（JICA）などの評価基準に関するガイドラインも作成されているが，評価の頻度や調査方法，中立性の課題は残っている。JICAのガイドラインに関して，国際協力機構企画・評価部評価監理室編『プロジェクト評価の実践的手法：JICA事業ガイドライン改訂版』国際協力出版会，2004年を参照。

第7章　上海協力機構
—— 「反米」ゲームの誘惑に抗して

岩　下　明　裕

1　「誤解」され続ける上海協力機構

　上海協力機構(SCO)とは何か？　昨今の国際会議では，中国，ロシア，中央アジア，あるいは南アジアについて議論する時でさえ，明示されるかどうかはともかく，ほとんどすべての参加者が上海協力機構に言及するが，上海協力機構に関する評価は極端に割れる傾向がある。中国やロシアからの参加者の多くは上海協力機構や冷戦終結後のその発展を強く賞賛し，それを「民主化された」国際関係の基礎や生じつつある「多極化」世界の「新しいモデル」として奨励する。他方で，多くの西側の観察者たちはこの機構の存在を当初，無視したに等しい。確かに米国は機構が2001年に設立された後，一種のオブザーヴァー的な関与を機構に提案したことがあるものの，機構外のメンバーを招待する制度が当時なかったことから，これは拒否された。

　日本でも従来，機構はほとんど注目されることがなかった。上海協力機構に対して，あまり深く考えずこれを「米国に対抗する連携」のための組織といったたぐいのレッテルを貼る者もいたが，もともと機構に関する論議そのものが少数であった[1]。しかし，日本が中央アジアとの関係を考える場合，機構がユーラシアの中央部を占め，かつその周囲を取り巻くロシアと中国の存在がその中で大きく見える以上，機構全体の動向を検証する意味は小さくない。もとより，「米国に対抗する連携」と上海協力機構をみなす論調の多

くは，中国とロシアの「反米」的な言辞に引きずられたもので，中央アジアの地域の内実や諸国の多様性に十分に目配りをしたものではなかった（きちんと目配りすればこのような単調な見方にはなるまい）。端的に言えば，上海協力機構を総体として分析することは，中央アジアと中ロとの関わりの実態を踏まえ，より現実的な日本の対中央アジア外交を構築するうえで不可欠と言える。さらに上海協力機構がモンゴル，インド，パキスタン，イランをオブザーヴァーとして，南アジア，中東，北東アジアへもその領域を拡大したことで，これはユーラシアやアジアにおいて，日本が地域別にあるいは二カ国間関係を中心に展開してきた関与をより包括的に総合的に考えるためのよい契機をもたらした。例えば，直接的な因果関係はともかく，「自由と繁栄の弧」といった包括的な日本外交の構想が登場してきたのも，ユーラシア側で一体的な地域協力の可能性が芽生えてきた点と無縁ではないだろう。

さて上海協力機構と西側の相互の理解におけるギャップが広がったのは，2005年の機構サミットの時であった。アスタナ・サミットの後，上海協力機構についての良くないイメージが急速に現れてきた。「9.11」以後，対アフガニスタン戦争のために中央アジアに駐留する米軍の撤退要求を示唆する，共同宣言（6月5日）の次のフレーズが争点となった。それによれば，上海協力機構加盟国は「反テロリスト連合の個々の国が，……上海協力機構加盟国の領域への軍隊駐留に対して，最終期限を設けることが必要だとみなす」[2]。

米国はこの宣言に即座に否定的に反応した。ロシアと中国が米軍の中央アジアからの撤退を策動したとの見方が広まり，機構が「反米」組織へと発展しつつあると主張する西側の識者さえ現れた[3]。しかし，事実は少し違うようだ。宣言に関してはウズベキスタンの立場が決定的であったと思われる。カリモフ大統領は決議の中に，米軍の中央アジア駐留に対する厳しい表現を入れるよう提案したと言われる。ロシアと中国はその文言を柔らかくするのに努めた。1カ月前のアンディジャン事件がカリモフの気を悩ませたのは明らかだ。彼は，米国がこの事件を「民主革命」の弾圧とみなし，彼を放逐しようとするのではないかと恐れていた。米軍を中央アジアから追い出す要求の下に上海協力機構を取り込むことは彼の政治体制にとっては大事であった

が，ロシアと中国は上海協力機構と米国の関係を対立的な状況にまで悪化させることは避けたかった[4]。

不幸なことが 2006 年に続いた。悪名高いテヘランでの米国大使館人質事件後の 1980 年以来，米国とイランの外交関係は凍結されてきた。にもかかわらず，モハンマド・ハタミ前大統領の「文明間の対話」は，ある程度，両国間の極端な敵意を和らげていた。マフムド・アフマディネジャド新大統領は国際舞台に激しい変化を引き起こした。彼のイスラエルや米国に対する攻撃的な批判はアルカイダや，いくつかのユーラシア諸国の「反米ムード」と重なった。イラン大統領はここで上海協力機構が反米キャンペーンを行う格好の場所であることに気づいた(ここで押さえておかなければならない点は，2005 年の機構へのイランのオブザーヴァー参加が前大統領の判断であったということ)。彼は上海で開かれた機構設立 5 周年記念のサミットへの招待を喜んで受けたが，これはパキスタン大統領ペルヴェズ・ムシャッラフやモンゴル大統領エンフバヤルと一緒であったことを忘れてはならない。

米国には上海協力機構でアフマディネジャドが存在感を示したことが不快に映った。米国は，パキスタンやモンゴルの大統領の参加には触れずに，彼がサミットに参加したことを問題とした。米国は，機構を「悪の枢軸」とまでは呼ばないにせよ，一種の「ならずもの国家の集い」のように非難した。国務省のスタッフは上海協力機構とつきあわずに中央アジアと直接，あるいは南アジアからのルートを用いて，関係を構築しようとし，日本も「中央アジア＋日本」を立ち上げることで，上海協力機構とは違う協力の道筋をつけるような対中央アジア外交を加速させた。これに対して，機構の事務局長であった張徳広は米国の機構に対する一方的な批判を和らげようとし[5]，機構は誰かに対するブロックとして行動することはないし，その開放性を維持すると断言した。

2007 年にはロシアの動向に懸念が持たれた。ロシアと米国の相互不信は広がる一方であり，ヴラジーミル・プーチン大統領は上海協力機構が世界における米国の影響力を相殺しうる存在であるかのごとく意図的に上海協力機構をもちあげた。ロシアはまた一部の旧ソ連構成共和国が軍事的に連携して

いる集団安全保障条約機構(CSTO)と上海協力機構の合同演習さえ提案した。この段階では中国はこれを断ったのだが。

2　機構を正しく位置づけよ

　上海協力機構を完全な悪者とみなす不幸な傾向がある一方で，機構と米国の溝を埋めようとする動きも出始めている。過去の議論とは異なる論調が萌芽的に現れている。ロンドンに本拠を置く国際戦略研究所のオクサナ・アントネンコは EU が機構に対してもっと協調的に関与をすべしとの政策提言を書いた[6]。ストックホルム国際平和研究所(SIPRI)の所長であるアリソン・ベイルズは機構の機能的側面に注目し，それが地域機構として果たす肯定的側面を主張した[7]。ルンド大学のロジャー・グレートレックスは機構における中国の役割に注目し，機構と EU のパートナーシップの可能性を示唆した[8]。研究者のみならず実務家もこの流れを後押ししている。なかでもドイツのイニシアティヴは重要だろう。アンディジャン事件の後でさえ，ドイツはウズベキスタン南部のテルメズに基地を置いており，ウズベキスタンとの関係改善に努めている[9]。EU の議長国として，2007 年上半期にドイツは，中央アジアにおけるヨーロッパのための政治的経済的ブレイクスルーを求め，特にエネルギー供給の機会を多元化させるため，またハイテク製品の広大な潜在的市場へのアクセスを確保するため，奮闘していた。このアプローチは上海協力機構との「慎重な和解」を求めていた[10]。

　日本でも，日本の機構への関与についての政策提言が活発化してきた。筆者自身が書いた「日本のユーラシア外交」に関する日本国際問題研究所の提言書(2007 年 3 月)は，日本が中ロと米国の間で仲介的な役割を果たしうる舞台の一つとして上海協力機構を位置づけている。非加盟国に対する機構の透明性と開放性を維持することは重要な仕事だ。機構と米国の間にパートナーシップ樹立の雰囲気を作り出すため，提言には上海協力機構が 2007 年にビシケクで予定していたサミットのゲストとして日本の外相を招待すべきといったたぐいのアイデアが含まれていた。これを受けて，日本には米国の

同盟国として，日米の共通の利益と相対する極端な立場へと上海協力機構を押しやらないように，米国を説得する役割が見出された[11]。

そのような日本からのイニシアティヴは，EUの研究者のみならず，米国の研究者の中でも歓迎された。2007年7月，笹川平和財団の支援により東京で開かれた上海協力機構に関するワークショップ[12]の後，日本が2008年に予定されている北海道洞爺湖G8サミットに機構の首脳を招待してはどうかという示唆が生まれた。アントネンコによれば，これが実現すれば，疑いなく機構と西側諸国の間のダイアログを作り出す貢献となるとのことであった。ワークショップの際，筆者が提案した「ユーラシアのインタラクションに向けたイニシアティヴ」は以下のようなものだ。

- 上海協力機構の憲章14条の「ダイアログ・パートナー」という位置づけを利用する
- 機構サミットに「ゲスト」(例えば，アフガニスタンがそれを使って参加した)のような一時的な立場によって参加する
- 機構サミット前のインタラクションを強める：例えば，2007年のサミットの前に日本の外相がビシケクを訪問する
- 「上海協力機構＋α」のフォーマット(「ゲスト」から「パートナー」へ)を作る。「上海協力機構＋3(日米欧)」や「上海協力機構地域フォーラム」など。
- 上海協力機構とSAARC(南アジア地域協力連合)，ASEAN(東南アジア諸国連合)，6カ国協議(将来の北東アジア安全保障フォーラムと目される)などの地域機構との連携を作り，ユーラシア安全保障共同体の創出へと向かう

特に，「上海協力機構＋α」や「上海協力機構＋3」のコンセプトは魅力的だったようだ。米国からの報告者ジョージ・メーソン大学のマーク・キャツも，ロシアが上海協力機構を米国とバランスをとるための機構として発展させたいとする意思を持つことに懸念を示しながらも，米国と機構のダイアログを支持した。実際，ロシアはチェコやポーランドにミサイル防衛システムを導入しようとする米国の計画への反対活動を機構のアジェンダに載せよう

とした。にもかかわらず、この試みは失敗した。その代わりにビシケクの共同宣言は、こう述べている。「第3国ならびに地域をターゲットとせず、外の世界に開かれた、非同盟の原則を追求しつつ、上海協力機構は他のどの国、どの国際機構、地域機構ともさまざまなダイアログや交流、協力を進んで実行する」。

幸運にも、機構と米国の間のダイアログを促進しようとする理性的な努力は、いくつかの進捗をもたらしたようだ。機構を守備範囲の一つとするエヴァン・ファイゲンバウム米国務次官補代理は、機構に冷淡な対応をとる人物として知られていたが、2007年9月6日、首都ワシントン、ニクソンセンターの演説で次のように述べた。「我々は上海協力機構のメンバーになることもオブザーヴァーになることも求めない。しかし、我々が中央アジアのパートナーと一緒に求めうると信じる肯定的なアジェンダを補完するあらゆるイニシアティヴを歓迎する。そして我々は機構の諸活動に関する透明性を確かに歓迎する」[13]。

クルグズスタン(キルギス)外相エドナン・カラバエフは、9月28日、同じワシントンのカーネギー平和財団の昼食会で国連事務次長やトルクメニスタン大統領が「ゲスト」としてサミットに参加したことに触れながら、ビシケク・サミットの最も重要な成果の一つは、それが世界に透明性を示せたことだと応えた[14]。

上海協力機構についての「誤解」と機構と外部の間の認識の溝は次第に消えつつあるように見える。日本や米国のタカ派が機構をいくら悪く言おうと、その肯定的な側面は無視されるべきでも否定されるべきでもない。以下に議論したいことは、識者の間でなぜこのような機構に関する「誤読」がかくも広がってしまうのかという理由についてである。ここでは上海協力機構のあまり知られていない発展プロセスに光を当てることが必要だろう。つまり、機構の源泉を検討し、再確認しなければなるまい。

3 「上海」の精神と発展

　上海協力機構は旧中ソ国境協力の「4+1(ロシア・カザフスタン・クルグズスタン・タジキスタン＋中国)」の枠組みに基づいた「上海プロセス」を継承する形で誕生した。のちに上海協力機構へと発展する「上海ファイブ」は，中ロの共同イニシアティヴの下，旧中ソ国境地域の信頼醸成措置(CBM)および国境画定について討議するフォーラムであった[15]。国境問題は長い歴史的経緯を持つ。モンゴルの東端から北朝鮮の豆満江へと至る東部国境 4300 km とモンゴル西端からタジキスタン・アフガニスタン国境へと向かう 3200 km の西部国境からなる旧中ソ国境は，主として 19 世紀後半にロシア帝国と清の間で線引きがされた。

　中国側は 19 世紀に結ばれた中ロ間の「不平等条約」により「自領」の 150 万 km² を失ったと主張してきた。これがのちに 1969 年の珍宝島事件のような中ソ軍事対立を引き起こす原因となった。1980 年代後半，ミハイル・ゴルバチョフの「新しい思考」のイニシアティヴにより，中ソ和解が達成されたおり，両国は再び起こりうる軍事衝突を予防し，国境地域の領土問題を解決するための方策を作り出すことに同意した。前者が 1990 年 4 月の国境地域の軍事領域における兵力削減および信頼醸成の指導的原則に関する協定を生み出し，後者が中ソ東部国境の 98％の問題を解決した 1991 年協定に至った(協定からヘイシャーズとアバガイトの 2 カ所は除外されたが)。

　1993 年以後，「4+1」のフォーマットは信頼醸成・兵力削減および共同国境画定の 2 つの常設委員会へと発展した。前者の委員会の最初の成果が，1996 年の国境地域の軍事領域における信頼醸成措置に関する上海協定であり，関係国は非軍事ゾーンの設定と軍事情報の交換により国境地域を安定させることに合意した。その効力は疑問視されたものの，これは歴史的に深刻な軍事衝突が繰り返され，また相互不信の根深い旧中ソ国境での平和と協力に向けた象徴的一歩となった。この時から，「上海ファイブ」は 5 カ国間の「安定と信頼」という特別の意味を得た。

1997年2月，ロシア，中国，カザフスタン，クルグズスタン，タジキスタンの首脳はモスクワに集まり，国境地域における兵力の相互削減協定に調印した。これによって，旧中ソ国境の100 km以内における兵力と人員の削減およびその相互査察についての合意がなされ，関係国の「安定と信頼」のレベルはアップした。「上海ファイブ」の名前はこの2回目の首脳会談以後，有名になる。「4+1」のフォーマットは西部国境の画定プロセスも前進させた。

　やがて「上海プロセス」は広く評価されるようになった。それは多角的な協力機構を生み出し，メンバーも拡大していく。2001年にウズベキスタンを正式メンバーに加え，常設機構化した。のちにモンゴル，インド，パキスタン，そしてイランがオブザーヴァーに加わる。それとともに上海協力機構には新たな機能も加わった。一種の国境を越えた「悪」（テロリズム，分離主義，宗教的極端主義。中国はそれを「三悪」と呼ぶ）との闘いや経済協力などがそれである。もちろん，機構は「上海プロセス」の本来，有していた精神も維持していたのだが。

4　機構の地域協力にとっての序章──中ロ国境問題の解決[16]

　国境問題解決に向けての上海協力機構の持つ方法論をひとことで整理すれば次の2つである。第一に問題解決を段階的に行う。第二に最終段階では係争地を「フィフティ・フィフティ」で分け合う。前者は以下のようにまとめることができる。①交渉可能な係争地を先に決めて，難しいところは後にまわす，②難しいところを除いて，まず協定を結びそれを履行する，③残された係争地については善意をもって交渉を続ける。このアプローチは1980年代に，ゴルバチョフと鄧小平のイニシアティヴの下で交渉が再開された時に生まれた。ソ連も中国も1969年の珍宝島事件の悪夢と，これがハバロフスクに近いヘイシャーズをめぐる激しい対立ゆえに引き起こされたことを記憶していた。それゆえ，両国とも最も困難を伴う係争地をめぐって事態が膠着することを打開するためには，段階的アプローチをとるべきだと合意したの

だ。しかしながら，交渉の過程では，果たしてこの最も困難な問題はどのように解決されるのかはいまだ不透明であった。やがて，「フィフティ・フィフティ」の考え方がのちの交渉過程で考案される。

「フィフティ・フィフティ」とは国境問題を解決するための一つの政治的な判断である。基本的にこれは係争地を「半分」に分け合うことを示唆している。とはいえ，これはそれを面積的に等分に分け合うことを必ずしも意味しているわけではない。「フィフティ・フィフティ」はまた個々の国の利益のバランスをも考慮する。

この考え方は1997年に偶然，生まれた。当時，ロシア極東の沿海地方知事エヴゲニー・ナズドラチェンコは，1991年協定で中国への移管が確認された(中ロ朝の三国国境地点にほど近い)ハサン地区の300ヘクタールの土地の引き渡しに抵抗していた。そのため1991年協定の履行が危ぶまれており，これは中ロ国境地域の安定に暗雲をもたらしていた。結局，中国とロシアは法的な観点を度外視して，この係争地を分け合うという予期されぬ合意をした。140ヘクタール余りがロシアに残り，それ以外は中国へ移管された。戦争で没したロシア人墓地を含む，ロシアにとって重要な部分がロシアの土地として残された。これにより，モスクワや北京のみならず，沿海地方までもがこれを「勝利」だと称した。1997年11月にボリス・エリツィン大統領が江沢民主席と北京で1991年協定の履行を祝い，「互いの勝利(ウィン・ウィン)」を宣言した時のことである。

この考え方が，中ロの残された係争地にも適用された。2004年10月，プーチンが胡錦濤主席とすべての国境問題が解決したと公表した時，ここでも「フィフティ・フィフティ」が採用された。ヘイシャーズもアバガイトもおよそ半々で分けられた。ヘイシャーズは171 km²が中国へ，164 km²がロシアに残り，アバガイトは38 km²が中国に渡され，24 km²がロシアに残った。利益のバランスも考慮された。例えば，ヘイシャーズの農場，ダーチャ，教会，軍事施設などはロシアに残る一方で，アムール川のカザケヴィチェヴォ水道は中国のものとなった。アバガイトでは地元住民の貯水に使われている箇所がロシアに残り，中国はより大きい面積を移管されることになった。

共同声明は国境の係争地を持つ他の事例への「フィフティ・フィフティ」の適用可能性にも触れた。その理由は明らかだ。この考え方は中ロ2カ国間にのみ適用されたのではなく，上海協力機構の枠組みにおいても使われたからだ。

5　中央アジアの国境に対する貢献

旧中ソ西部国境の交渉もまた段階的アプローチを採用していた。ソ連崩壊後，西部国境は4つのパートへと分かれた。50 kmの中ロ国境，1700 kmの中国・カザフスタン国境，1000 kmの中国・クルグズスタン国境そして430 kmの中国・タジキスタン国境である。

中国と中央アジア3カ国もまた最初に国境協定を結び，次の交渉プロセスへと入っていた。1994年中国とカザフスタンは，シャガン・オバとサルシルデの2カ所を除外して協定を結んだ。中国とクルグズスタンの交渉は，1992年に始まったが，当時5つの係争地があり，その4つを片付ける形で1996年に協定を結んだ。しかし，残された最後の係争地であるベデル地区の問題は深刻であった。中国とタジキスタンの交渉は長い間，最も困難なものだとみなされてきた。中国のパミール地域への要求は，タジキスタン全土の7分の1に当たる2万km²に及び，妥協の余地などないように思えた。1998年に協定が結ばれた時には中国・クルグズスタン・タジキスタン三国国境に近いカラザクとマルカンスのみが解決したと言われる。「パミール問題」は暗礁に乗り上げていた。

解決はここでも「フィフティ・フィフティ」によってなされた。1998年，第3回「上海ファイブ」首脳会議がアルマトゥで開かれており，カザフスタンと中国の間で補足協定が結ばれた。ここでは，シャガン・オバとサルシルデの両係争地940 km²は「フィフティ・フィフティ」によって分けられ，56％がカザフスタンへ，残りが中国のものとなった。クルグズスタンと中国のベデル地区にも「フィフティ・フィフティ」が適用された。70％がクルグズスタンに残り，30％（950 km²）が中国に渡された。

2002年5月17日，江沢民とエモマリ・ラフモノフ大統領が国境をめぐる補足協定に調印した。双方のメディアが詳細を伝えないため，協定の実際の内容は長年，閉ざされていたが，近年タジキスタンから中国に引き渡されたのはラングクル湖周辺の約1000 km²であることが明らかになった。面積的には中国の大幅な譲歩だが，金鉱をはじめとする資源の確保と国境地域の安定を優先する形で，双方が歩みよった成果の一端と言える。

　中ロ交渉によって作られた上海協力機構方式は，このように中国と中央アジアの国境交渉において拡大され，練り上げられたと言える。中央アジアの国境問題が解決された後の利益は，それ以前に予見されていたよりもはるかに大きい。その利益は，国家・地域レベルと国境地域レベルの2つの局面において説明される。中国と中央アジア国境問題の解決と安定により，中国も中央アジアも大きな利益を享受し始めている。中国は，カザフスタン，クルグズスタン(ともに2002年)，タジキスタン(2007年1月)と，問題解決後，随時，友好条約を結んでいく。中国にとってみれば，安定した地域がシベリア・極東から西へと広がったことを意味する。国境をはっきりさせたことは，新疆ウイグルを「テロリズム・分離主義・極端主義」の脅威から守るという安全保障上の観点においても重要だ。2003年夏，人民解放軍はクルグズスタンと初の合同演習を行い，2006年9月にはタジキスタンのゴルノ・バダフシャンでも同様の演習を実施した。中央アジア諸国，特にいわゆる「小国」にとって，中国との協力は大きな機会となった。地域の平和と安定の代価として，中国はクルグズスタンとタジキスタンを援助している。例えば，タジキスタンは中国との国境問題を解決した後，対中国境からロシア軍を撤退させ，ロシアへの依存を弱めることができた。そのため，ロシアはタジキスタンに対する影響力を維持するべく，20億米ドル以上の支援(投資)をすることを余儀なくされた[17]。中国と国境を接していない上海協力機構加盟国のウズベキスタンも，「極端主義者」に対する厳しい統制と並んで，中国への回廊としてのクルグズスタンとの協力からも，地域が安定することによる利益を享受し始めた。

　中国と中央アジアのパートナーシップは，中国と中央アジア諸国の国境地

域に存在する「ネガティヴな心理障壁」にもかかわらず，着実に前進している。カザフスタンから中国の新疆ウイグルへのパイプラインは，1969年に中ソが軍事衝突した地点およびかつて中国とカザフスタンの係争地であったサルシルデに近い阿拉山口を通って，既に敷設されている。国境問題が解決し，信頼醸成措置がなければ，このようなプロジェクトはなしえなかったに違いない。カシュガルに抜けるイルケシュタム峠は，1996年のクルグズスタンと中国の国境協定が，峠に隣接するヌラ村にある係争地の問題を解決して初めて開通することができた。2004年5月，タジキスタンはパミールのムルガブに税関を作ったが，これは歴史上，初の中国への直接ルートである。これらすべての出来事は，国境問題が解決した後に実現された。

6 機構を取り巻くバランス・ゲーム

上海協力機構が1990年代に発展するにつれ，「上海プロセス」には新たな側面がかなり恣意的な形で付加されていく。米ロあるいは米中関係が困難に面した時に米国への「カウンターバランス」と解されることの多い，中ロの「戦略的パートナーシップ」が，中央アジアの文脈でもクローズアップされた[18]。しかしながら，既に述べたように，2005年の上海協力機構アスタナ・サミットが驚くほど注目されたのとは対照的に，上海協力機構が創設された時には誰もほとんど注意を払わなかった。「9.11」後，中ロがすぐにアルカイダと闘い，アフガニスタンと戦争する米国の姿勢を支持したことにより，米国は中ロ「パートナーシップ」が米国に「対抗する」ものだという懸念を持たなかったからである。世界は，上海協力機構の構成国が以前からずっと国際テロリズムの脅威を訴え続けてきたにもかかわらず，上海協力機構をあまり真剣に取り上げようとはしなかった。

「上海プロセス」の新参者たるウズベキスタンの機構における存在が，変化の著しい状況を適切に分析する鍵となる。「9.11」後，まさにウズベキスタンこそ中央アジアにおける米軍や西側の軍事プレゼンスを強く支持する国となり，クルグズスタンやタジキスタンがこれに続いた。ある意味で，ロシ

アは，ウズベキスタンのイニシアティヴを皮切りに中央アジア諸国がアフガニスタンにおける米軍の活動を次々と支持していくなかで，後追い的にそれを受け入れざるを得なかった。

　ではなぜウズベキスタンはそのような決定を行ったのか？　いくつかの理由が浮かぶ。特にウズベキスタンは既に地域においてロシアから独立したプレーヤーだとみなされていた。ウズベキスタンは1998年にはCIS（独立国家共同体）の安全保障体制から離脱し，一種の脱ロシア連合であるGUUAMに参加し，中央アジアにおけるロシアの影響力を相殺するために西側のプレゼンスを歓迎していた。ウズベキスタンはそのバランス外交を活発化させ，中国との友好関係も樹立した。

　地域におけるウズベキスタンの地理的な位置は非常に重要である。ウズベキスタンは，ロシアとも中国とも国境を接していない。ウズベキスタンは，確かに国境回廊における中国およびクルグズスタンとの三国協力から利益を得ることができるのだが，旧中ソ国境協力のプロセスには疎遠であった。地政学的インプリケーションによれば，ウズベキスタンは「上海プロセス」で蓄積されたいかなる国境に関する取り決めからも「自由」であり，上海協力機構内部の政策とは離れて「自由に」外交をなしうる。

　したがって，ウズベキスタンがどのように上海協力機構の中でふるまうかは，機構の方向性にとって決定的意味を持った。このことが明確になったのが，「9.11」後にウズベキスタンが中央アジアに米軍を迎え入れた後に見せた機構の反応である。アンディジャン事件後のウズベキスタンと米国の関係の悪化後の，2005年の上海協力機構（アスタナ）の反応もまた思い出すに値する。ウズベキスタンは，特にそのバランス政治において上海協力機構が向かう方向を左右しうる国のように思われる。

　上海協力機構の拡大がこの地政学の奥行きを深めた。特に，イランの役割はウズベキスタンのそれに似ている。イランはイラク，パキスタン，アフガニスタン，トルクメニスタンや湾岸諸国と国境を接しているが，「上海精神」とは全く無縁の存在であった。機構からオブザーヴァーとして迎え入れられたのは，長年にわたり湾岸諸国から孤立し，特に核開発問題で米国からの圧

力を感じていたイランにとって，渡りに船であった。イランは上海協力機構を，米国に対するマヌーヴァーとバランスのための格好の場所だとみなした。2006年秋，イラン外相はテヘランに上海協力機構の安全保障センターを作ろうとまで提案した。イランの機構正式加盟への熱意は，イランと米国のバランス・ゲームの文脈の中で理解されるべきだ。翻って，（ウズベキスタンと並んで）イランが機構に存在することで，機構はしばしば米国によって「ならずもの国家の集まり」の一種と非難されるはめになった。

　中央アジアと国境を接していないという点で，インドもまた上海協力機構に関わる「自由な」外交を展開できる立場にある。しかしながら，インドは，イランと同じような立ち位置にあるにもかかわらず，ウズベキスタンのような道を歩まなかった。「自由」な外交とは必ずしも「反米」指向を意味していないし，「自由」であるがゆえに，外部要因によっては，容易に「親米」的になりうる。インドは，2006年に核をめぐる話し合いをまとめたように，米国との提携に多くの利益を見出しており，上海協力機構にはそれほどのものを見出していない。インドにとっても，基本的に機構はパキスタンにバランスをとる程度のものであり，せいぜい，中央アジアに対してプレゼンスを示すのに役立つ程度だ。インドはいまだ機構のサミットに首相を送ったことはなく，2007年も外交に関わる閣僚クラスを送ったに過ぎない。このことはインドが機構にいまだ「特別な」注目を示していないことを意味する。

　対照的にモンゴルは異なる角度から分析されるべきだろう。モンゴルの立ち位置はある意味で決定的である。モンゴルが旧中ソ国境の東部と西部の間に位置することを考えれば，モンゴルを巻き込まない限り，「上海プロセス」は完成しない。したがって，中ロは機構に招かれるべき最初の国がモンゴルであることに合意していたと言われる。2004年初頭，著者がウランバートルで調査を行った際，大多数の識者はモンゴルの機構への加盟に否定的であった。例外は，時の外相と安全保障会議書記の2人だけであり，彼らは機構へ参加する可能性を示唆した。かくてモンゴルは2004年6月に最初の機構オブザーヴァー国となった。モンゴルが国境を越えて，「第三の隣国」として日米との関係を発展させたいことはよく知られているが，2つの大国の

隣国としてモンゴルはその国境をめぐる安全保障の利益から機構への招待を受けざるを得なかった。

　パキスタンの事例も，その立ち位置が「上海プロセス」がターゲットとしていた旧中ソ西部国境の延長線上，つまり中国・アフガニスタン国境とつながっているという点で，地政学的にモンゴルと似ている。違いは，パキスタンが最初から機構への関与を強く望んでいた点である。パキスタンこそ，機構が設立される直前の2000年に加盟を申し込んだ国であった。この時はおそらくアフガニスタンにおけるタリバン体制への深い関与を理由に加盟を拒否されたのだが，パキスタンは機構に対する積極的な姿勢を維持すると同時に，パキスタンを疑義の眼で見ていたタジキスタンのような諸国との関係改善に努めた。パキスタンの関与は，伝統的な同盟国である中国からは当然，支持され，また機構を一種のバランスのために役立つ組織とみなすウズベキスタンからも支援を受けた。結局，機構は南アジアへの善意とバランスを配慮し，インドと一緒にパキスタンもオブザーヴァーへと招請した[19]。ここで注意すべきは，パキスタンの動機がインドと異なるという点である。パキスタンは，少なくとも自国が近接する中央アジア諸国と全方位的な関係を構築したかったからだ。パキスタンが「上海プロセス」への関与を深めようとした理由は，主としてパキスタンの地理上の立ち位置にある。実際，パキスタンは中央アジア諸国にとって重要なアフガニスタンおよび中国と国境を接している。バランス外交という要因は，幾分はあるにせよ，機構との関係に関してはこれが主因ではないように思われる。

7　原点に立ち戻るとき

　本章の結論ははっきりしている。上海協力機構を正しく理解するためには，機構の持つ力学の2つの異なる側面をきちんと分けて把握すること。より重要な点は，機構を「上海精神」に基づいた国境政治と地域協力の観点で適切に理解すること。もう一つ重要な点を挙げれば，ウズベキスタンやイランによって特にもたらされてきた，機構内外をめぐる副次的であるが紛糾を引き

起こしているバランス外交に関する側面を切りつめることだろう。後者はいくつかの加盟国に短期的な利益をもたらすかもしれないが，長期的には機構の持つ結束と威信に重大な損害をもたらす。機構をめぐるバランス・ゲームがそれを実態以上に大きく見せている混乱は，もし適切にマネージされないならば，冷戦期がそうであったような不可逆的な対立へと，上海協力機構と欧米との潜在的矛盾を駆り立てるかもしれない。

　差し迫った重要な仕事は，機構と西側，特に米国との衝突を生み出しかねない問題のある領域を減らしていくことだ。機構は「上海」の本来の精神を外部の国や組織にはっきりと示すべきだし，米国は機構に対する空想的な疑念を控えるべきだ。双方がお互いに受け入れ可能な共通の基盤を見出し，「民主主義」のようなイデオロギーをめぐる論争を避けるべきと言える。昨今の米国外交は，イラク戦争の教訓をもとに，他の国の意見を多少なりとも聴こうとする姿勢が見受けられる。地域協力を促進するためにさまざまな国際的なプレーヤーとダイアログを持ち維持することの重要性を見過ごしてはいけない。これは条件がいまだ熟していない地域へ「民主主義」を輸出しようとする限り，なしえない。

　他方で，上海協力機構もよりオープンで透明性を維持しなければなるまい。本来の「上海精神」，つまり，「第三者には対立しない」「冷戦終結後の新しいモデル」といった姿勢をアピールすることが肝要だ。上海協力機構が「一方的な外交政策に抗しようとする」考え方は，ある程度，理解はできるものの，「上海精神」から言ってもこれが欧米に「抗する」排他的なフォーラムになるべきではない。ではいかに両者のギャップを埋めたらいいのだろうか。上海協力機構，米国，ヨーロッパ，日本，そして中央ユーラシアにおける平和で安定したレジームを作ることを望む諸国の間でパートナーシップを構築することだろう。2008年8月に開かれたドゥシャンベでの上海協力機構サミットは，直前のロシアによるグルジアへの軍事侵攻ならびに南オセチア，アブハジアに対する国家承認を支持せず，平和的解決の模索を強くアピールした。またサミットは非加盟国との協力関係を推進すべく「ダイアログ・パートナー」の重要性をも強調した。昨今の機構と欧米の歩みよりは，相互

に信頼関係を構築する一つの良い機会を提供している。

注
1) 「対抗（カウンターバランス）」に関する論議はウェブ上で簡単に見つけることができる。例えば，Joshua Kucera, "Shanghai Cooperation Organization Summiteers Take Shots at US Presence in Central Asia," *Eurasia Insight*, August 20, 2007 〈http://www.eurasianet.org/departments/insight/articles/eav082007a.shtml〉; Nikolas K. Gvosdev, "Eurasian Bloc Seeks World without West," *Asian Times*, August 14, 2007 〈http://atimes01.atimes.com/atimes/Central_Asia/IH14Ag01.html〉など。
2) 〈http://www.sectsco.org/html/00501.html〉.
3) 最も激しいリアクションの代表的な事例が，タカ派として著名なスティーヴン・ブランク（US Army War College）からのものであろう。Bruce Pannier, "Eurasia: U.S. Security Expert Talks about SCO Exercises, Summit," *RFE/RL*, August 9, 2007 〈http://www.rferl.org/content/article/1078065.html〉.
4) プーチン大統領が機構内の当時の「反米」的気運を利用しようとしたのは確かである。にもかかわらず，当時の外交筋は，いわゆる「中央アジアからの米軍撤退決議」に関しては，ウズベキスタンがきっかけを作ったとするいくつかの示唆を残している。例えば，*What the Papers Say*, June 6, 2005; June 7, 2005; July 11, 2005 など。筆者自身も，同様の説明を，当時の上海協力機構のロシア代表から間接的に聞いている。
5) Daniel Kimmage, "Central Asia: Does the Road to Shanghai Go through Tehran?" *RFE/RL*, June 12, 2006 〈http://www.rferl.org/content/Article/1069086.html〉.
6) Oksana Antonenko, "The EU Should Not Ignore the Shanghai Co-operation Organisation," *CER Policy Brief*, May 11, 2007 〈http://www.cer.org.uk/pdf/policybrief_sco_web_11may07.pdf〉.
7) Alyson J. K. Bailes, Pál Dunay, Pan Guang, and Mikhail Troitskiy, *The Shanghai Cooperation Organization* (Solna: Stockholm International Peace Research Institute, Policy Paper, no. 17, 2007).
8) ロジャー・グレートレックス（Roger Greatrex）によるプレゼンテーション（A conference on the SCO on May 24-25, 2007, held by the Center for East and Southeast Asian Studies of Lund University, Sweden）。
9) Shaun Walker, "At the Crossroads: A New Role for Central Asia," *Russia Profile*, May 16, 2007.
10) "Germaniia ne otdast Rossiiu kitaitsam," *Vremiia novostei*, April 5, 2007.
11) 『我が国のユーラシア外交：上海協力機構を手がかりに（平成18年度外務省委託研究報告書）』日本国際問題研究所，2007年〈http://www2.jiia.or.jp/pdf/report/h18_

eurasia.pdf〉。
12) 岩下明裕編『上海協力機構：日米欧とのパートナーシップは可能か』北海道大学スラブ研究センター，2007 年〈http://src-home.slav.hokudai.ac.jp/kaken/iwashita2007/contents.html〉。
13) Evan Feigenbaum, "The Shanghai Cooperation Organization and the Future of Central Asia" 〈http://dushanbe.usembassy.gov/sp_09062007.html〉.
14) これに関連する記事としては以下も参照。*The Washington Times*, October 1, 2007 〈http://www.washingtontimes.com/news/2007/oct/01/shanghai-alliance-not-military-us-told/〉.
15) 「上海ファイブ」については，岩下明裕『中・ロ国境四〇〇〇キロ』角川書店，2003 年の終章を参照。
16) 中ロ国境交渉の枠組みについては，岩下明裕『北方領土問題：4 でも 0 でも，2 でもなく』中公新書，2005 年の第 1 章および第 2 章を見よ。
17) *RFE/RL Newsline*, October 20, 2004.
18) 中ロの「戦略的パートナーシップ」を米国への「対抗(カウンターバランス)」とみなす議論の変遷と問題点については，岩下明裕「ユーラシアとアジアの様々な三角形：国境政治学試論」家田修編『開かれた地域研究へ：中域圏と地球化(講座スラブ・ユーラシア学 1)』講談社，2008 年，203-206 頁を見よ。
19) 南アジアとロシア，中国および中央アジアの関係については，Nirmala Joshi, "India-Russia Relations and the Strategic Environment in Eurasia," in Iwashita Akihiro, ed., *Eager Eyes Fixed on Eurasia*, vol. 1, *Russia and Its Neighbors in Crisis* (Sapporo: Slavic Research Center, Hokkaido University, 2007), pp. 195-210; Fazal-ur-Rahman, "Pakistan's Evolving Relations with China, Russia, and Central Asia," Ibid., pp. 211-229 を見よ。

# 第3部
経済協力と支援

第8章 クルグズスタンは中央アジアにおける日本の最重要パートナーか？

エリカ・マラト

　日本はソ連崩壊後の中央アジア地域に積極的に関与した，アジアで最初の国家である。全中央アジア諸国に大使館を開設するにとどまらず，日本は経済関係を樹立し，文化・教育プログラムの実施を模索してきた。今日，日本政府が特設したさまざまな拠点が，シルクロード外交戦略の枠組みを用いながら，カザフスタン，クルグズスタン（キルギス）およびウズベキスタンにおいて事業の調整に努めている。中央アジア諸国の中でもクルグズスタンは，同地域と日本との高まりつつある関係を最も典型的に示している。脆弱な経済，小さな領土・人口にもかかわらず，クルグズスタンが中央アジアと日本の最も重要な結節点となりえたのは，同国の開放的な政治風土によるものである。さらにクルグズスタンは将来，「中央アジア＋日本」対話の積極的推進者となる可能性を有している。

　2007年11月に行われたクルグズスタン大統領クルマンベク・バキエフの東京訪問は，同国の日本との関係構築への関心の高まりを示す最新の出来事であった。訪日に際して，バキエフは日本国天皇明仁および福田康夫首相と面会した。大統領は両国間の友好・パートナーシップに関する共同声明に署名し，15年にわたるクルグズ・日本関係の道のりを振り返った。前大統領アスカル・アカエフは，14年に及ぶ在任期間中，1993年から2004年にかけて3度にわたって訪日した。本章はクルグズ・日本関係の検討を通して，中央アジア地域と日本の関係の実態の詳細を提示するものである。すなわちク

ルグズスタンの国内発展における日本の役割，同国内で日本が直面する国際競争，およびクルグズ・日本関係の強化の将来的見通しが分析される。

　クルグズスタンは国際社会におけるユニークな事例である。独立以来，官民双方が国内で活動する外国人パートナーたちに対して大きな信頼と好奇心を示してきた。クルグズスタンにおいて国際社会が他の隣接諸国に比して，より成功を収めてきたことは，同国で活動する国際組織の数に表れている。また他の中央アジア地域では禁止されている他宗派の宗教組織でさえ，クルグズスタンでは活動することが可能である。

1　クルグズスタンの発展における日本の役割

　国家権力を最大限に掌握しようとするいくつもの政治勢力の抗争のために，2005年以降クルグズスタンの政治情勢は不安定である。2005年バキエフ大統領が反汚職をアピールすることで急速な支持を得たという事実をよそに，同政府はそれ以降汚職に悩まされ，民主的国家統治は悪化し続けている。前首相フェリックス・クロフやその他の反対勢力を隅に追いやり，憲法改正をふいに実行することでバキエフは大統領権力を次第に集中させてきた。さらに大統領は，現体制維持に関心を持つ強力な大統領支持政党を創設することによって，カザフスタン，タジキスタンおよびロシアの大統領たちと同じ足跡をたどった。現在，バキエフと彼の政党「アク・ジョル」は，選挙結果の改竄や反対派の活動の阻止といったような短期的目標に駆られている。

　大統領は同時に，その任期終了後の国の発展を継続させるような効果的な政治・経済政策を発案し実行することができていない。前任者アカエフ同様に，バキエフの現在の政策は2010年の大統領選挙における反対派の除去に向けられている。このような近視眼的な政治展望は国際パートナーとの経済関係の確立を妨げることになろう。現地政府の腐敗のために「中央アジア＋日本」対話が失速し続ける危険性がここにある。クルグズ政府（および他の加盟国）がこの対話によって政治経済的開放性の増進を強いられた時，それは殊に現実のものとなるであろう。このようなシナリオの下で，同対話の拡

大が困難に遭遇することは疑いない。この意味において上海協力機構(SCO)や独立国家共同体(CIS)といったような、透明性の高い統治を要求しない組織は、機構内の強化とさらなる拡大のための、より大きな可能性を有している。日本がクルグズ政府に対して民主主義的価値からの逸脱を公然と非難すれば、おそらくクルグズスタンの政治指導者たちは否定的反応を示すであろう。

(1) クルグズスタンにおける日本の活動

いくつかある援助国の中でも特に日本はクルグズスタンにおいて指導的役割を果たしており、クルグズ・日本関係はクルグズスタンの外交政策における最優先事項の一つである。クルグズスタンにおける日本の主要な支援分野としては以下のものがある：①輸送インフラの強化、②農業発展、③社会発展、④開放的な市場環境における人的資源の開発、⑤人間の安全保障を含む、人間の基本的要求を満たすための手段の向上である[1]。独立以来クルグズスタンは日本から有償および無償の形で4億3000万米ドルの二国間経済援助を受け取ってきた。日本の多くの特別基金が、世界銀行とアジア開発銀行(ADB)を通してクルグズスタンと中央アジアへの支援提供に関わっている(第1章廣瀬論文参照)。二国間援助は国際協力機構(JICA)、外務省および国際協力銀行によって実施されている[2]。

クルグズスタン経済に対する日本のインプットの効果が大きく感じられるのは、インフラ事業を通じたものである。クルグズスタンは輸送、観光、企業活動、医療および教育分野における多くの事業を、日本政府の支援を得ながら、目下実行しているところである。クルグズスタンにおける日本の主要なインフラ事業としては、マナス国際空港改築のための融資4550万米ドル、舗装に総額1億1000万米ドルかかるビシケク－オシュ道路建設のための融資4100万米ドルがある[3]。ビジネスの発展と観光促進に携わるクルグズ人企業家を、JICAは積極的に養成してきた。クルグズスタンにおける最も重要なインフラ事業はビシケク－オシュ道路の改修である。この道路は、国の南と北という2つの部分を結びつけるだけでなく、政治エリート間の分裂を

緩和させる。またそれは南部の遠隔地から首都へのアクセスをより容易なものとし，国内の商業および南部隣接諸国との貿易を促進する。日本はまた，遠隔地域に首都との重要なつながりを提供するビシケク－ナルン道路の建設にも貢献した。クルグズ経済による外国支援国への貸付の返済が不可能であることが明白になった1999年以降，日本はクルグズスタンへの支援を助成金の形に修整した。日本とクルグズスタンの現在のビジネス関係は弱いが，日本は同国の天然資源と希少鉱物に関心を持つだろう。

　JICAのビシケク事務所が主に連携しているのはクルグズスタン財務省と交通省である。日本の長期事業には優良統治（グッド・ガバナンス）の促進，医療制度改革，農業部門の改良および観光マネージメントに関するいくつかの事業が含まれている。これら諸部門の具体的改革による好ましい効果と成果は，クルグズ政府のアジア諸国との連携を後押しした。クルグズスタンの政治指導者たちは，日本が教育や医療といった部門で資源を配分しうることを最終的に理解した。このことは彼らが2004年の「中央アジア＋日本」対話を支持する礎を築いたのである。この対話にはさらなる拡大の可能性がある。

　クルグズスタンの政治家は日本が市場経済と民主的統治の積極的推進者であることを認めている。にもかかわらず日本が西側諸国に分類されることは稀であり，クルグズスタンの隣接諸大国による同国および中央アジア地域における影響力をめぐる地政学的競争の分析の中に組み込まれることはほとんどない。2004年の創始時から幾分弱体だった「中央アジア＋日本」対話が，上海協力機構と比較されることはない。その原因の一つは，中央アジア地域における日本のプレゼンスが純粋な政治的動機を欠いていることである。クルグズスタンの専門家たちが認めるところでは，今日に至るまで同国における日本の役割は極めて重要である。しかしながら協力のためのより大きな可能性があることは滅多に認知されておらず，共同事業の将来的方向性の検討は多くの場合クルグズスタン側の課題となっている。クルグズスタンおよび中央アジア地域における日本の関与は政府開発援助（ODA）のカテゴリーに位置づけられているが，両国は文化事業における協力のためのより多くの手

段を模索中である。

（2）　上海協力機構（SCO）との比較

　クルグズスタンと日本の連携が一定の有意義な経験を積み重ねてきたとしても，依然として上海協力機構はクルグズスタンなどの中央アジア諸国と中国との間で急速に高まる連携関係の未曾有の事例となっている。上海協力機構が弱いメンバー国の経済回復支援よりも，むしろ政治的動機によって動いているとしても，同機構は政治・社会アクターの間で広い支持を得ている。上海協力機構は実際のところ，将来の安定の保証人たるべきことを公然と主張している。しかしながら，それが加盟国の政治的選択を非難することはまずない。いくつかの事例において，上海協力機構の枠組みはその指導者たちによって同地域における米国の政策への異議を表明するために利用された。こういった「手口」は過去数年における上海協力機構の成功の主な要因となっている。

　実際のところ，日本がクルグズ政府に対して民主的政治・経済改革を達成するようあからさまに圧力をかける可能性は極めて低い。それよりむしろ，国際舞台への日本の関与の伝統的特徴はソフト外交である。中央アジア地域にプレゼンスを持つ欧米アクターに比べ，日本は現地指導者の非民主的行動にあまり批判的ではない。日本は，直接的政治圧力を欠いた人道支援を通じて，新独立諸国の民主的発展にある一定程度まで寄与することができるだろう。この協力が将来的に継続する場合，日本が，友好的外交関係を維持しながら同地域に民主的発展をもたらす最も有能な国際的行為主体であることが明らかになるだろう。しかしながら，それが実現するためには，日本，中央アジア諸国は双方ともに，提携しようとする十分な動機を維持しなければならない。クルグズスタンについて言えば，外務省の代表者たちは日本との提携を高く評価している。在東京クルグズ大使館は，相互関係の積極的推進によって知られている。また，クルグズスタンは日本の継続的経済支援を必要としている。クルグズ・日本関係の中で，これまでに最も成功を収めたのは，インフラ再建，医療そして教育事業の3部門である。

重要なことは，上海協力機構および「中央アジア＋日本」対話双方が中央アジア諸国間の連携を推進していることである。しかし連携が強調される分野と手段は異なっている。上海協力機構は主に安全保障問題とエネルギー分野における国家間の協力を重視している。上海協力機構において予算の大半は年一度の軍事演習に使われる。それに加え，同機構は最近，共同エネルギー市場の振興に着手した。これら協力の両部門は極めて不均整である。すなわちロシア，中国そして時折カザフスタンといった経済的に強い国が，クルグズスタン，タジキスタンそしてしばしばウズベキスタンといった弱い国に比べて政策決定において大きな影響力を有している。強国は機構内で合同協調行動のために提供できる経済的，軍事的資源をより多く持っている。同様に，強国は機構のあるべき針路選択を行う立場にある一方，弱い国は機構の活動の単なる立会人に過ぎない。これとは対照的に，「中央アジア＋日本」対話はより水平的な協力，加盟国の平等な参加および人間の安全保障に力点を置いている。

(3) クルグズスタンにおける日本センター

クルグズスタンにおいて高まりつつある日本語，日本文化人気の中で重要な役割を担っているのはキルギス（クルグズ）共和国日本人材開発センター（KRJC）である。日本センターは日本外務省と，当時の駐モスクワ大使渡邊幸治とクルグズスタン大統領アカエフによって創始された。日本センターの礎となったのは1995年の日本とクルグズスタンの二国間協定である。クルグズ国立大学がセンターの機能の便宜をはかるのに積極的な役割を果たし，学生および教職員双方がセンターの仕事に携わっている。同大学には立派な東洋学部があり，何十年にもわたって現地学生の間で人気を博してきた。

しかしながらロシア語，中国語やトルコ語とは違って，日本語は日本センター以外では滅多に教えられてはいない。同センター長の浜野道博が指摘するように，「日本はいまだにクルグズスタンの中に椅子を見出してはいない」[4]。事実，この地域での歴史的つながりを有するロシアやトルコと比較してみれば，中央アジアの人々といくつかの文化的類似性を持つとはいえ，

地元住民にとって日本はまだまだなじみがないのである。他のアジア言語はクルグズスタン住民の中でより大きな人気を得ている。また，クルグズスタンではほぼ全面的にロシア語マスメディアが支配的である。ロシアと地元のマスメディアは，クルグズ－ロシア関係の進展を定期的に報道している。このような報道はクルグズスタンでのロシアの経済支援の実際の重要性に対する誤ったイメージを，たびたび生み出している。その一方で，より広範な大衆の利用が可能な他の援助団体の存在については，若干の限られた報道がなされているに過ぎない。日本の活動が主流のマスメディアで取り上げられることは稀である。

当初日本センターは，二国間の相互理解の深化と，経済・政治セクターにおけるクルグズスタンの改革実施支援の増強という2つの目標に着手した。これらの課題を達成するためにセンターは企業経営と経済問題の運営を改善するための特別コースと訓練プログラムを開始した。センターは同様に，日本語特別コースを導入し，地元の学生が日本の大学でトレーニングを受ける可能性を提供した。それは，日本のユニークな経験に基づく高水準の経済・金融専門家の育成を目的としていた。その教育プログラムは多岐にわたる経済問題を含んでいたが，センターのトレーニングは若い企業家たちを主にひきつけている。そして，センターは経済・文化分野における情報と人的資源の国際交流を推進した。

日本センターで実施されている4年間の日本語プログラムの卒業生は年ごとに増加してきた。2006年度には，卒業生の数は969名に達した。同様に，日本センターの報告によれば，ビジネス・セミナーは大変人気があり，1995年以来計77のセミナーが開講され，3436名が参加した。現在，クルグズスタンには日本文化および日本語の専門家が数名おり，クルグズ・日本関係に寄与する可能性を有していると，浜野は考えている。日本センターは同時に，衛星放送による国際ニュースへのアクセスとインターネット資源を提供している。センターの図書室は日本語，英語，ロシア語の多種多様な定期刊行物と書籍を所蔵している。この点で，日本センターは地元住民にとっての情報センターの役割を果たしているのである。

日本センターとJICAによる専門コースは4半期に2回実施されている。同コースへの志願者数は受講可能数を大きく上回ることがしばしばである。このなかで特に地元の学生に人気があることが判明したのは，中小ビジネスの発展，企業経営と戦略，開放的市場の諸条件と事業開発，観光の促進および日本的経営方式といったテーマを扱うコースである。他のCIS地域でこの種のコースの豊富な実施経験を有する多くの大手日本企業――日本銀行，さくら総合研究所および三菱商事を含む――が同コースに参加した。銀行・金融関係のコースではこの分野の世界的動向や実用的方法論についての情報が提供された。それらのコースでは開放的市場環境の中で経済を活性化させることの重要性が特に強調された。それらは国際商取引習慣，金融と経済，国際貸付，金融市場および資本市場の発達などのテーマを含んでいた。主な参加者は，国際金融と貿易を専門とする公的機関の代表者であった。同じテーマに取り組む教員も参加した。

さらには，マーケティングと会計学に関するコースが定期的に開講されている。これらのコースの主要なねらいは，財務報告・分析，会計学とマーケティングにおける参加者個人のスキル・アップにある。これらすべての分野において，日本人専門家は欧米的手法の知識を共有している。同時に実際の講義の中では，金融・経済部門における日本独自の経験が詳細に解説される。日本人講師は通常，クルグズ市場の特殊性に精通しており，対話手法を用いた授業が奨励されている。上記コースでは，クルグズスタンと日本の間の，既存ならびに将来的な経済関係に特別の関心が払われる。日本人講師がたびたび関心を促すのは相互協力の可能性である。こういった可能性の探求に興味を持つ参加者は，特別ビジネス言語コースを受講する機会を得る。CIS全域の日本大使館は日本語学習者のための国際日本語コンテストを開催している。

しかしながら，クルグズスタンの教育制度への日本の貢献については，おおむね好意的な意見とともに，多くの疑問が生じる。例えば，日本の大学や専門コースの卒業生がどうやって仕事を見つけるのか，また見つけることが可能なのか？ あるいは技術支援と日本の金融・経済問題についての講義が

いかなる実用的価値を持つのだろうか？　このような問題が援助国によるいかなる開発援助にもついてまわるとしても，日本とクルグズスタンの間の地理的距離と文化的相違のために，人道支援が所期の目的を達成できない可能性はより大きい。例えば，日本の技術革新ブームなど，独立後頭脳流出を経験しつつあるクルグズスタンにとっては遠い現実なのである。同様に，JICA のコースの参加者が学ぶ金融とマーケティングの上級スキルの中には，全般的低開発のためにクルグズスタンには適切ではないものがある。また，日本人とクルグズ人の文化的類似性を過度に強調する傾向がある。両民族はともにアジア的バックグラウンドを持つものの，70 年に及ぶソ連時代の歴史の中で，クルグズスタンの地元住民のメンタリティは大幅に変化した。最後に，地元企業家にとって日本語よりも英語の知識のほうがより重要であることが判明するだろう。日本が，他の支援国と並んで，開発支援を通して所期の目的にどれほど到達しているのか。これに関する分析は，実際上存在しない。

2　日本と他の国際アクター

　外国からの影響に対する開放性のために，クルグズスタンでは同時に国際アクター間の大きな競争という事態が生じてきた。2001 年末に領内に米軍基地が創設されて以来，クルグズスタンは，その政治的忠誠をめぐるロシア，欧米および中国の間での競争の高まりを目撃してきた。2003 年夏にアカエフによってなされたロシア空軍基地の国内設置決定は，クルグズスタンと 2 大国間の提携のバランスの維持を助ける周到な方策であった。このバランスは 2005 年 3 月の政権交代で崩壊した。バキエフ大統領によって率いられる新政権は，国内にプレゼンスを持つ大国すべてとの協力関係を維持する力がないことを露呈し，米軍のプレゼンスの削減に着手し始めた。その一方で，中国とロシアが主導する上海協力機構の中央アジア地域での台頭とオブザーヴァー国の増加は，クルグズスタンにおけるロシアと中国の影響力を増幅させた。中央アジアの隣接諸国同様に，バキエフ大統領は欧米のパートナーよ

りも同機構加盟国に頼ることで，その国内政策を支えようとした。バキエフはまた，2007年に議会選挙を急遽実施し，自分の党であるアク・ジョル党の力を強めさせるうえでも，同機構の後ろ盾に頼った。2007年10月21日の憲法をめぐる国民投票に際して，欧米が投票の非合法性と政府による捏造を訴えた一方，上海協力機構およびCIS加盟国は投票結果を承認した。

　ロシアはクルグズスタンに対する強い政治的影響力を，伝統的に行使してきた。しかしながら中国やカザフスタンのような国々の重要性がゆっくりと増す一方，ロシアの実際上の経済的影響力は地元の政治家によってたびたび誇張されている。同時に，政策決定における欧米の影響力の重要性は，地元の専門家によってしばしば過小評価されている。欧米は公的機関の改革や自由市場経済の促進といった分野において中心的役割を果たしてきた。しかし欧米の影響力は，自由市場改革と法の支配を促進する諸国家の共同体の働きとしてではなく，しばしば米国の覇権と結びつけて考えられている。米国のグローバル・イメージが低下するにしたがって，クルグズ国民は国内における米国のプレゼンスに対しても，欧米の影響全般に対しても，徐々に疑念を抱くようになってきた。こういった状況を背景に，中国とロシアは長期的協力に関心を持つ，信頼できるパートナーとして認識されつつある。しかしながら両国は民主的リーダーシップの実績に乏しく，それゆえにクルグズスタンと他の中央アジア諸国において権威主義体制を強化させる可能性が高い。

　クルグズスタンが財政援助と教育プログラム支援を受け取ることに慣れた一方で，日本とクルグズスタンの間のビジネス関係はほとんど進展しなかった。新月研究所のウェブサイトによると，JETRO（日本貿易振興機構）は，2005年の両国間の貿易額が，日本の総輸出入額の0.1%以下であったことを報告している。日本のクルグズスタンへの輸出高が約200万米ドルに達した一方で，クルグズスタンからの輸入高は100万米ドル以下であった[5]。実際，ビジネス部門の提携が取るに足らぬ水準となっている大きな要因は，両国が地理的に著しく離れ，輸送手段も大抵は近隣諸国を通過する，限定されたものであるという事実にある。同時にクルグズ政府も新たな工業基地の開発や天然資源の探査で成果を挙げてはいない。水力発電や中国製品の輸送業務の

ような，高収益の既存経済部門は腐敗に悩まされている。もう一つの要因は，1999年にバトケンで発生した，ウズベキスタン・イスラーム運動ゲリラによる日本人鉱山技師4名の人質事件である。以上を総体的に考慮すれば，これらの障壁のためにクルグズスタンは外国人投資家，とりわけ日本のような離れた場所の投資家にとって魅力的なものとはならない。日本人がクルグズスタンについて連想することと言えば，それはいまだ高いリスクと腐敗の蔓延なのである。日本の官僚が認めるように，公的部門における腐敗は協力関係の拡大を著しく阻害する。日本がクルグズスタンで汚職取引を追跡し，配分された資金の正しい使用を確かめるのは不可能である。

3 将来の見通し

ドイツや英国といったクルグズスタンの他の援助国と同様に，地元住民と日本の連携はクルグズスタンの発展への重要な貢献である。例えば，農村の起業家および学生を相手にした事業が，周辺地域の発展のためのより実質的かつ長期的な効果を生み出すことが判明するだろう。クルグズスタン経済へのこうした形の支援は，諸隣国との軍事・安全部門上の連携よりも効果的でありうる。

今後，ビシケクおよび他の中央アジア諸国の首都の日本大使館は，地元住民に向けての情報キャンペーンやメディアへの働きかけを実施するべきである。JICAや日本センターの活動が多くの一般人に知られぬままになっていることがしばしばである。一般人からより広く認知されれば，クルグズスタンはおろか他の中央アジア諸国と日本との関係により大きな利益がもたらされるだろう。それは，クルグズスタンの市民団体が国の外交政策に影響を及ぼす活動に積極的に参加し，政治領域で特定の社会的利益を働きかけることにおいて相当な成果を時折達成しているからである。クルグズスタンの政治アクターの間では，経済・政治政策の策定においてアジア諸国の成功例を適用する傾向が高まりつつある。人的資源，公共政策および腐敗防止の発達を比較するうえで最も人気がある国々の中には日本，シンガポールおよび韓国

が含まれる。アジア的モデルを議論する際に政治アクターがしばしば引き合いに出すのは「日本の奇跡」という発想である。それは，技術発展と経済成長のための人的資源の利用における日本の独自の経験を参照するものである。ただし東アジア研究の信頼できる専門家は現在のクルグズスタンにはほとんどおらず，アジアの民主主義国のどういった側面が適用されうるのかという議論も，極めて表面的なものにとどまっている。

　2007 年 11 月の東京訪問の際にバキエフはトヨタ自動車の中川勝弘副会長と接触した。そのなかで大統領は，自由なビジネス環境と地域市場全体を提供する可能性を約束しつつ，クルグズスタンにトヨタのオフィスをオープンさせるよう正式に要請した。こういった大規模なビジネス関係が実現可能であるのか否か，現時点では不明ではあるものの，バキエフの訪日はクルグズ・日本関係のさらなる拡大のための基礎を築いた。バキエフの東京訪問と同時に，クルグズ政府はビシケク－ソウル間の新たな直行便の就航計画を発表した。この直行便は，クルグズスタンからの出稼ぎ労働者が韓国各地に行くことを可能にし，クルグズスタンにおける韓国のさらなる経済プレゼンスを促進するだろう。同時に重要なことは，同便によって日本や他の東アジア諸国へのアクセスが容易になることである。

　クルグズスタンまたは中央アジア地域がアジア諸国との貿易関係を回復させるならば，クルグズ・日本関係は将来，急上昇するだろう。こういった見通しは，ソ連時代以前の中央アジア社会が北よりも南東の隣人たちと連携していたという事実に鑑みれば，ごく現実的なものである。クルグズスタンがアジアのパートナーとの関係を回復する際に鍵となる要因は，アフガニスタンの安定である。アフガニスタンの国内情勢が危険で，かつ安全な市場関係の発達に不適切なままであり続ける限り，クルグズスタンと他の中央アジア諸国は，南東隣接諸国からも，海へのアクセス手段からも孤立し続けるだろう。南東方面の経済関係の重要性を強調する政治家は少なく，多くは今もなお，ロシアとヨーロッパを主要な製品輸出先とみなしている。

　以上，クルグズスタンと日本の二国間関係の長所と弱点を分析したが，成長のためのさらなる大きな可能性が存在することを付け加えなければならな

い。クルグズスタンは政治・経済的に隣国と比べて開放的である。地元住民も政治指導者も，新しいアイデアやアジア諸国との関係拡大にかなり理解がある。経済，政治そして文化セクターの中に両国の共通の利益を見出すためのより多くの余地が存在する。過去数年，日本による協力事業数は漸次増加する傾向にあり，それは隣国を上回っている。このことは，施行された輸送インフラ事業の規模の拡大，日本センターが組織する特別コース，そして重要なことだが，日本語を学び，また日本の大学で学ぶ地元学生の数からも明らかである。日本とクルグズスタンの連携を示すこれらのポジティヴな現象は，「中央アジア＋日本」対話の原動力となるだろう。

（英語から秋山徹訳。原題は"Kyrgyzstan: Japan's Prime Partner in Central Asia?"）

注
1) Newsletter, May 31, 2007, Japan Embassy in Bishkek, Kyrgyzstan.
2) 訳注：国際協力銀行の海外経済協力業務は，2008年10月にJICAに承継された。
3) "Japan-Kyrgyzstan Relations," Shingetsu Institute, November 6, 2006 〈http://www.shingetsuinstitute.com/japan-kyrgyzstan.htm〉(2008年1月28日閲覧)。
4) 日本センター長，浜野道博への筆者によるインタビュー(ビシケク，2007年7月)。
5) "Japan-Kyrgyzstan Relations," Shingetsu Institute.

第9章　現代グローバル化の下での日本のエネルギー戦略
―― 西アジア・中央アジアの場合

嶋尾孔仁子

　近年，エネルギー安全保障の重要性はますます高まっており，日本はエネルギー戦略を強化している。本章は，主に中央アジアから西アジア[1]までの地域，コーカサスを含む西・中央アジアとの関係から日本のエネルギー戦略について考察するものである。中央アジアもエネルギー分野で注目を集めているが，西アジアは長期にわたり日本のエネルギー安全保障において最も重要な地域である。西アジアと中央アジアの両方を同時に扱うことにより，これらの地域に対する日本のエネルギー政策のより良い理解に役立つであろう[2]。

　地域的な見方に加え，グローバルな視点は，エネルギー関係の問題の議論においても重要である。このような問題は，経済グローバル化の文脈で論ずるべきである[3]。本章では，そのプロセスの中でも現代グローバル化，すなわち第二次世界大戦後，特に冷戦後のグローバル化のプロセスに焦点を当てる[4]。

　また，環境問題への関心の高まりとともに，バイオ燃料や核エネルギー，太陽光エネルギーの開発が推進されている。これに関連し，日本もカザフスタンやウズベキスタンといった中央アジア諸国におけるウラニウムなどの資源開発に関心を持っている。

　本章では，このように主に1990年代以降の日本のエネルギー戦略に関する複雑な状況について，国際関係論や国際政治経済論の文脈で論じる。第1

節では，グローバルなエネルギー情勢と現代グローバル化の下における日本のエネルギー戦略の概要を述べる。そして，第2節では，日本と西・中央アジア諸国の関係について論じる。第3節，結論では，現代グローバル化の下におけるこれらの地域に対する日本のエネルギー戦略について考察する。

1　グローバルなエネルギー情勢と日本のエネルギー戦略の概要

　多くの論者が述べているように，化石燃料，特に石油は，今後もしばらくの間第一のエネルギー源として利用されるであろう。しかし，2007年から2008年7月まで続いたような原油先物価格高騰は，日本のようにエネルギー輸入に依存している国にとって大きな懸念事項である。

　今のところ，原油価格が上昇する次の4つの要因について，短期間で解決策を見出すのは困難である。第一の要因は，西アジアの産油国などにおける地政学的リスクである。2007年2月に麻生太郎外務大臣は，日本は域内における安定を，日本の経済資源，知的資源，外交の資源を大いに活用することにより確保しなければならない，との考えを示している[5]。また，彼は「日本は，安定を促す努力をするなかで，域内の国々と緊密な対話を継続してきた」[6]と述べている。しかし，西アジアや他の地域の産油国の不安定な情勢は，なおも原油価格が上昇する要因になっており，日本が域内諸国との対話を継続するだけではその状況を変えるのは困難である。

　第二の要因は，将来のグローバルな石油需要の増加である。国際エネルギー機関(IEA)によれば，人口の増加や経済発展とともに，化石エネルギーの需要は特に中国やインドといった開発途上国で増加し，2030年までは化石エネルギーへの依存や需要増は続くと予想されている[7]。石油の需要増，そして価格の上昇は，世界のエネルギー安全保障における不確実性をもたらす要因となっている。

　第三の要因は，代替エネルギーの開発が困難なことである。近年，エタノールなどバイオ燃料の生産や消費が増加しているが，将来のエネルギー需要の増加を補うには不十分であると見られているとともに，食料品価格の上

昇などの問題も生じている。太陽光エネルギーの開発も進んでいるが，まだ生産コストが高い。原子力は安全性とコストの問題が解決されていない。しかし，環境問題や代替エネルギー開発への理解や関心が高まるなかで，技術革新とともに将来的には化石エネルギーの需要減につながると期待される。

　第四の要因は，原油市場への投機的資金の流入である。2007年以来の原油価格急騰は，地政学的リスクや将来の石油供給不足への懸念に加え，米国のサブプライムローン問題により米国やヨーロッパ，日本の大手銀行や証券会社が巨額の損失を出したことが明らかになったことで，グローバルな金融市場や米国経済への不安が広がったことなどにも起因している。このような状況下で，ヘッジファンドや投資銀行，証券会社は，原油など比較的投資リスクが低いと思われる商品に投資したと考えられる。2007年10月，石油輸出国機構(OPEC)事務総長は，投機家による最近の原油価格急騰を懸念し，OPECは「ファンダメンタルズによれば現在の原油価格高騰は支持されず，現在の供給量は適切である」との見方を示した[8]。したがって，OPECは，市場における石油供給不足への懸念を払拭できるほどの原油増産を決定するとは考え難い。

　原油価格は，2008年7月に最高値をつけた後，下落に転じた。近年の急激かつ大幅な原油価格変動は，第四の要因によるものが大きいと思われる。しかし，投機的資金の流入や流出を誰もコントロールできない現状においては，他の施策を講じる他ないであろう。

　日本は，資源エネルギーの安定供給のための戦略的な資源エネルギー政策を強調している。日本は，石油の安定供給や緊急時の備蓄を増加させるため，二国間・多国間の枠組みを通じてアジアのエネルギー産出国と消費国の間の対話や協力の強化を模索してきた[9]。麻生は，日本のエネルギー安全保障，いわゆる「エネルギー安全保障協力」とその外交政策について3つのポイント「エネルギー供給の安全保障」，「エネルギーと環境」，「IEAの重要性」に焦点を当てた論文の中で，エネルギー資源産出地域における「地政学的な不確実性」と資源ナショナリズム，エネルギー輸送ルートの脆弱性に起因する問題を指摘している。彼は，「産出国と消費国の間の対話や協力に基づい

た，自由で開かれた市場を作ることにより，資源ナショナリズムに代わる魅力的な代替手段を提供するだろう」，「供給確保のリスクを軽減するため，エネルギー輸送ルートの安全性を強化したり多様化を推進したりするためのさらなる国際協力が必要である」などと述べている。さらに，彼はIEAの役割の重要性を強調し，IEAを通じた二国間・多国間協力に加え，G8が協調して取り組むことにより，また，中国やインドとも協調できれば，エネルギー安全保障はより強化されるだろうと述べている[10]。

資源エネルギー庁は，日本のエネルギー戦略の一部として，「資源国との総合的な関係強化や資源開発企業に対する支援の強化等」の取り組みにより「我が国の原油輸入量に占める我が国企業の権益下にある原油引取量の割合（自主開発比率）を，今後さらに拡大し，2030年までに，取引量ベースで40％程度とすることを目指すとともに，供給源の多様化を推進する」という日本の目標を掲げている[11]。実際に日本は，エネルギー供給の確保や供給源の多様化，エネルギー開発，環境保全，アジア諸国や国際機関との二国間・多国間協力に取り組んできた。また，日本政府は，エネルギー産出国との対話や協力に加え，石油開発プロジェクトの促進や日本企業への支援を行ってきた。日本企業がそれらの国々でビジネスの機会を得ることは，日本の国益になるからである[12]。

日本企業による石油・天然ガス探査・開発の活動を促すための資金や技術の支援を行う役割を果たしてきた主要機関は，1967年に設立された石油公団（JNOC）であったが，特殊法人等の改革のため，2005年4月1日をもって解散した[13]。それに代わる機関は，2004年2月にJNOCと金属鉱業事業団が統合して設立された，独立行政法人石油天然ガス・金属鉱物資源機構（JOGMEC）である。その統合の目的は，費用対効果を高めることや有効な石油供給戦略を築くこと，石油の自主開発比率を上げることなどであった[14]。

日本は，エネルギーの利用に関連して，環境問題にも取り組んできた。世界人口の増加や世界経済の発展に伴い，環境問題もより深刻になる。麻生は，「エネルギー安全保障と環境保全は両立しなければならない」とも述べている[15]。また，先進国と開発途上国の両方がエネルギー効率を向上させる任務

を負っていることや，日本が省エネルギーやバイオマス・エネルギー，クリーン・コール・テクノロジーの推進のための開発支援や技術協力においてイニシアティヴをとってきたことについても言及している[16]。

　エネルギー安全保障への協力に関する日本の努力にもかかわらず，グローバル化の下で競争が激化するに伴い，資源不足が戦争や紛争の原因になる，と述べる人もいる[17]。将来の不確実性は残っている。なぜなら，世界のエネルギー資源を取り巻く状況は，中国やインドのような開発途上国の台頭とともに変化してきたからである。世界のエネルギー需要が増加しエネルギー資源の価格が上昇するにつれ，多くの国々は競争の中でエネルギー資源を開発してきた。このようななかで，日本は他のエネルギー消費国と対話や協力を続けることができるであろうか。

　海外経済協力に関する検討会による「報告書」は，中国やインド，ブラジルといった新興国の経済的な台頭は世界経済の発展に貢献しているが，その一方でエネルギー資源やビジネスの機会をめぐって国際競争を激化させる傾向を生み出している，と述べている[18]。特に中国は，アジアの国々と経済関係を強化し，国際社会においても影響力や存在感を強めている。そして，この状況は中国と他の国との間の新たな競争関係を生み出しているという。同報告書は，このような状況下では，日本と中国の関係を発展させることが重要であると主張している。日本と中国は異なる政治理念や国際社会における立場を有するが，隣国として多くの利益を共有しているのである。また，アジアにおいて，そして国際的にもより大きな政治・経済的役割を果たすよう中国に促す必要があると述べている。

　さらに，冷戦終結以来表面化した，安全保障への脅威も存在する。エネルギーの文脈においても，テロリズムの脅威について考える必要があるだろう。テロリストにより，西・中央アジア諸国におけるエネルギー源の開発や石油・ガスの安定供給が妨げられる可能性がある[19]。日本はこのような問題に対していかに対応できるであろうか。将来のテロのリスクを減らすためには，域内の国々や国際機関との協力が不可欠である。

154　第3部　経済協力と支援

2　日本の対西・中央アジアエネルギー戦略

(1)　西・中央アジア諸国からの日本の原油輸入

　1990年代以降の日本の原油輸入に関する統計を見ると，日本はまだ中東の産油国からの輸入に大きく依存していることが分かる(図9-1)。1996年以降，日本の原油輸入における中東産原油の割合は80%以上である。1996年の原油輸入量は2億6345万kl，そのうち中東産原油は2億1069万klで，全体の80%を占める[20]。2005年に原油輸入量2億4519万klのうち90.2%の2億2126万klに達したが，その後少し減少し，2007年には原油輸入量2億3882万klのうち86.7%の2億704万klになった[21]。

　ここ数年間，日本が最も原油輸入を依存している5カ国(主要5カ国)は，サウジアラビア，アラブ首長国連邦(UAE)，イラン，カタール，クウェートであり，2007年の原油輸入の割合は，順に26.9%，24.5%，12.1%，

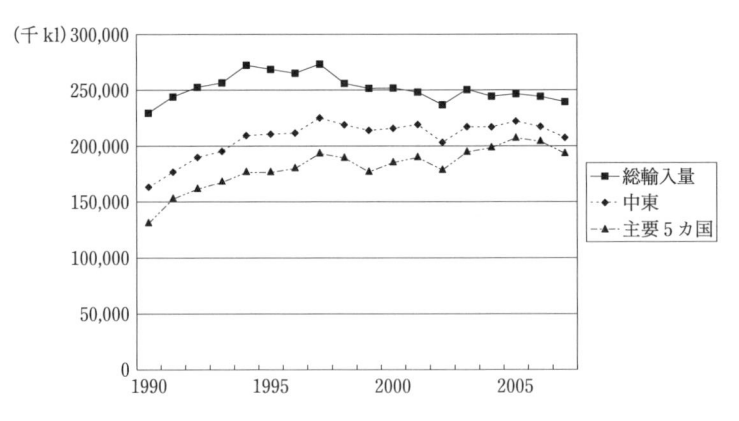

図9-1　1990年から2007年までの日本の年間原油輸入量と中東からの原油輸入量

出所：通商産業大臣官房調査統計部編『エネルギー生産・需給統計年報』平成3年版，平成5年版，平成7年版，平成9年版，財団法人通商産業調査会，1992年，1994年，1996年，1998年，経済産業省経済産業政策局調査統計部・資源エネルギー庁資源・燃料部編『資源・エネルギー統計年報』平成14年版，平成19年版，財団法人経済産業調査会，2003年，2008年をもとに筆者作成。

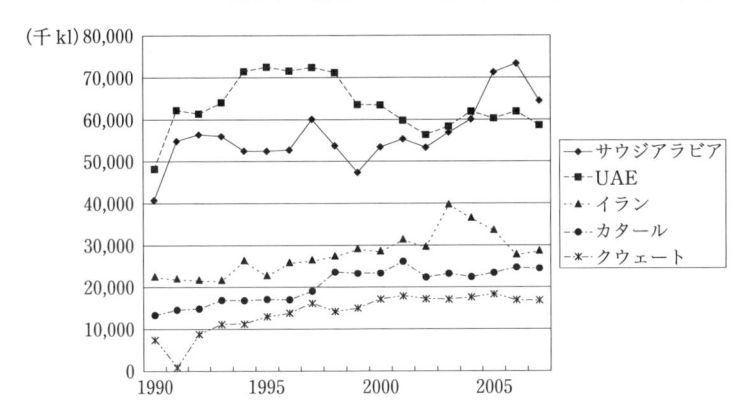

第 9 章　現代グローバル化の下での日本のエネルギー戦略　155

図9-2　日本への原油輸出量が最も多い5カ国からの日本の年間原油輸入量

出所：図9-1に同じ。

10.4％，7.2％である(図9-2)。同年，この5カ国から日本への原油輸入が総輸入量に占める割合は，81.1％になった。1990年の57.5％より23.6％増加したが，2005年の84.4％より3.3％減少している(図9-1)。日本は石油依存の減少や供給源の多様化，産油国との関係強化，石油や天然ガスの探査のための資金や技術の支援を試みている[22]。実際に短期間で中東産原油のシェアを大幅に減らすことは不可能であるが，中東への石油依存を減らす姿勢は示している。

　西・中央アジアにおける主要5カ国以外からの日本の原油輸入はどうであろうか。オマーンからの原油輸入量は，1996年以前はクウェートよりも多く，1990〜1992年と1994年はカタールよりも多かった。イラクとイエメン，カザフスタン，アゼルバイジャンからの原油輸入量は少ない。イラクからの原油輸入は，1990年に原油輸入量2億2876万klのうち3.664％，1999年に2億5043万klのうち2.274％，2000年に2億5058万klのうち1.664％，2004年に2億4340万klのうち2.168％，2007年に2億3882万klのうち1.032％であった他は，1％未満である(図9-3)。イエメンからの原油輸入は，1996年に原油輸入量2億6345万klのうちの1.025％であった他は，1％未満である(図9-3)。日本は，2003年にカザフスタンから原油16万klを輸入

156　第3部　経済協力と支援

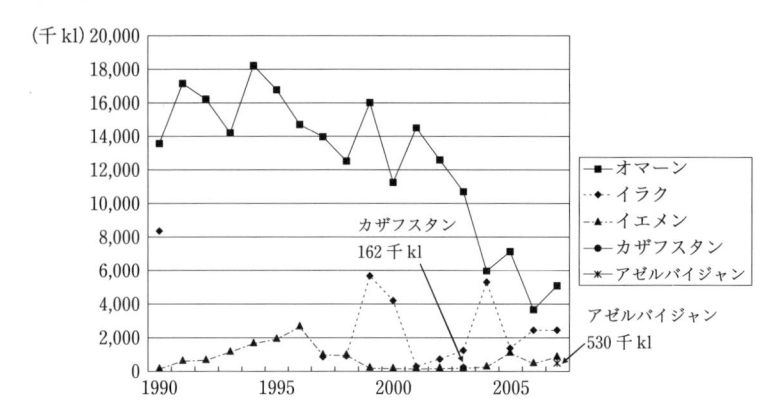

図9-3　西・中央アジアにおける主要5カ国以外からの日本の年間原油輸入量

出所：図9-1に同じ。

した[23]。これは，原油輸入量2億4850万klのうちの0.065％に当たる。アゼルバイジャンからは，2007年原油輸入量2億3882万klのうち0.2％の53万kl輸入している[24]。

　このように，日本は中東の5カ国，特にサウジアラビアとUAEへの原油依存度が高い。この意味で，エネルギー安全保障については，現在までのところ日本にとって中東が最も重要であるのに対し，中央アジアやコーカサスはそうではない。多くの論者が述べているように，原油供給については，カスピ海地域や中央アジアは中東に代わることはできないであろうが，供給源の多様化という観点からは重要な地域である。

(2)　西・中央アジアにおける日本企業参加プロジェクト

　日本企業は，数十年間中東における石油開発プロジェクトに参加してきた。主要プロジェクトのうちの一つは，クウェートとサウジアラビアの間の中立地帯におけるプロジェクトであった。アラビア石油株式会社（AOC）により1960年に発見されたカフジ油田と1963年に発見されたフート油田は，2000年2月にサウジアラビア側，2003年1月にクウェート側の利権協定が終結した。その後AOCは技術サービス契約，原油売買契約，融資契約に基づき

クウェート側における操業を続けてきたが，2008年1月に技術サービス契約期間が満了した[25]。

近年の主要プロジェクトに，イランにおけるアザデガン油田開発がある。同油田は，260億バレルの原油埋蔵量を有すると言われている。国際石油開発株式会社(INPEX)は，2004年にこの油田開発に関する20億米ドルの契約を締結し，75％の参加権益を持っていた。しかし，2006年10月に参加権益を10％に減らされることになった[26]。これについては後述する。

日本企業は，カスピ海地域における石油開発プロジェクトにも携わってきた。INPEXと伊藤忠石油開発株式会社は，カスピ海のアゼルバイジャン領におけるアゼリ・チラグ・ギュネシリ(ACG)プロジェクトに参画した。この2社は，それぞれ10％と3.92％の権益を取得している[27]。この油田の可採埋蔵量は，推定54億バレルである[28]。1997年11月から既に石油を生産しており，生産量は約70万バレル／日である[29]。原油の輸送経路は，この地域での油田開発の重要な問題であった。日本は，日本企業が参加したバクー・トビリシ・ジェイハン・パイプライン(BTCパイプライン)の建設を支援してきた。2006年6月より同パイプラインの本格稼動を開始しており，INPEXと伊藤忠商事株式会社は同プロジェクトのそれぞれ2.5％と3.4％の権益を有する[30]。

カザフスタンにおけるカシャガン油田開発プロジェクトも重要である。この油田は約130億バレルもの可採埋蔵量を有すると言われている[31]。2000年に石油・天然ガスが発見された[32]。INPEXは，2001年9月以降8.33％の権益を持っていたが，2008年10月に7.56％に変更することになった[33]。

(3) 日本と西・中央アジア諸国との関係

エネルギー資源開発やエネルギー安定供給確保のため，日本は西・中央アジアとの関係を強化してきた。これらの国々との関係は，エネルギー資源安定供給の確保のためのみならず，域内の平和や安全保障，安定，繁栄を維持するためでもある。

日本と中東，コーカサス，中央アジアとの関係の背景はそれぞれ異なる。

日本は，特に石油の安定供給確保の重要性を学んだ1970年代の石油危機以後，中東の産油国との関係を発展させてきた。これらの国々との対話や協力を強化したのは，石油の安定供給のためである。他方，中央アジア諸国との関係が強化されたのは，1990年以降，ポスト冷戦の文脈においてである。これらの国々との協力を強化したのは，域内に民主主義国家が樹立されることで平和や安全保障，安定，繁栄を持続させるためであり，石油の安定供給など経済的理由は二の次であった[34]。

近年の西・中央アジアにおける主要なエネルギー産出国と日本の関係を概観すると，対話を通じて関係強化に努めていることが分かる。

a. 日本と中東諸国の関係

湾岸協力会議(GCC)加盟国，すなわちサウジアラビアとUAE，カタール，クウェート，オマーン，バーレーンの6カ国との関係は，日本が原油輸入の多くを依存していることもあり重要である。2005年9月，国連総会の際に日本とGCC諸国の外務大臣の間で行った会議で，経済分野を含むさまざまな分野における関係を強化することで一致した。これらの国々は，2006年に自由貿易協定(FTA)交渉を始めるための会議を開催した。2007年4月28日から5月2日まで行われた安倍総理大臣のサウジアラビアやUAE，クウェート，カタールなどの主要産油国を含む中東諸国歴訪では，経済や政治，環境，教育，文化などさまざまな分野において二国間関係を強化したり協力を推進したりすることが確認された。エネルギー分野においては，国際石油市場の安定が不可欠であることや日本への石油供給確保，日本からそれらの国々への技術協力・支援の重要性などについて話し合われた[35]。

それより前の2006年4月にサウジアラビア王国皇太子兼国防航空相兼総監察官スルタン・ビン・アブドルアジーズ・アール=サウードが日本を公式訪問した。その際，日本とサウジアラビアの友好関係が双方にとって利益があることを確認し，戦略的・重層的パートナーシップを強化するため対話を促進していく意思を表明した他，相互補完的関係を基礎としたエネルギー分野での対話を通じて協力関係を強化する考えを示した[36]。

日本は，サウジアラビアやUAE，カタールと合同委員会あるいは合同経

済委員会，ビジネス・フォーラムの二国間会議開催の重要性を強調し，このような会議を通じて関係を強化している[37]。日本とクウェートは，2008年7月にクウェート首相シェイク・ナーセル・アル・ムハンマド・アル・アハマド・アル・サバーハが日本を公式訪問した際に，両国政府間の合同委員会設立に関する覚書に署名した[38]。

イランとイラクは，世界でサウジアラビアに次いで原油埋蔵量がそれぞれ2位と3位であるため，日本のエネルギー戦略上重要な国である。日本はイランとエネルギー会議を開催し，国際石油市場や日本に原油を安定供給するための協力について両国の意思を確認するとともに，エネルギー政策についての情報交換を行っている[39]。その一方で，日本はイランの核問題を非難し，G8の一員として，国連安保理理事国として，平和的・外交的解決のために積極的役割を果たす意向を示している[40]。

イラクとの関係では，日本は同国との協力関係を強化している。自衛隊のイラク派遣や約50億米ドルの政府開発援助(ODA)，約60億米ドルの債務救済など，復興支援を行ってきた[41]。日本は，イラクの優先課題は国内の安定や安全保障の確立であると認識しているとともに，両国の間で相互利益に基づく長期的・戦略的パートナーシップを確立させようとしてきたのである[42]。2005年12月に両国は，石油・天然ガス分野での協力に合意した。2006年10月には，日本経済産業省とイラク石油省は両国の第1回共同運営委員会を開催し，「『バスラ製油所改良計画』約20億円を限度とする円借款の供与」，「『原油輸出施設復旧計画』早期に計画を具体化」など合意内容をとりまとめたコミュニケを発表している[43]。

b. 日本と中央アジア・コーカサス諸国の関係

2006年8月28日から29日に行われた小泉総理大臣のカザフスタンおよびウズベキスタン公式訪問の際には，日本はこれらの国々と政治や経済，環境，文化，教育の各分野において二国間関係や協力を強化することで合意した[44]。また，ウラン開発などのエネルギー資源開発についても話し合われた。同総理大臣のカザフスタン訪問の際，日本とカザフスタンは，カザフスタンの石油やウランなどの資源開発を促進することを確認した。カザフスタンは，

開発プロジェクトへの日本企業の参加を歓迎する意向を示した。さらに双方は，「中央アジア＋日本」対話における協力を強化することで合意した[45]。2008年6月にカザフスタン大統領ヌルスルタン・ナザルバエフが日本を公式訪問した際には，両国は政治対話や原子力の平和利用の分野における協力，ODAによる協力など，政治・経済の分野に加え，文化交流の促進などを表明した[46]。日本とウズベキスタンもまた，官民双方のレベルでエネルギー分野における二国間関係を強化してきた。2006年8月に小泉総理大臣がウズベキスタンを公式訪問した際には，ウズベキスタンにおけるウランの開発や取引に関する情報交換・意見交換を促進することなどで一致している[47]。

日本とアゼルバイジャンは，特に1990年代半ばから対話や協力を強化してきた。2006年3月に行われたイルハム・アリエフ・アゼルバイジャン共和国大統領の日本公式訪問の際には，両国は政治対話の促進の重要性を指摘し，また経済協力や人的交流・文化交流の強化を表明した。両国は，エネルギー分野における協力を発展させる意向も示している[48]。

c. 日本と西・中央アジア諸国の関係における問題点

日本と西・中央アジア諸国の関係の詳細は国や地域により異なるが，基本方針は根本的に同じである。すなわち，対話と協力，相互利益を基礎とした関係の構築・強化である。しかしこの立場は，日本が米国と同盟関係にあるゆえに，例えば米国と対立関係にあるイランのような国と協力関係を推進するのが難しい場合もある。日本は，このような状況をいかに乗り越えることができるであろうか。

日本は「説得のアート(技芸)」を外交の要と考えている[49]。この言葉は，日本の立場が国際社会における他の国々とは異なることを示唆している。イランとの関係については，日本の立場は米国の立場と異なる。日本はイランとも対話を継続しているのである。

イランにおける油田開発は，エネルギー供給源を多様化するという点で重要である。日本がアザデガン油田開発に注目した動機の一つに，サウジアラビアでの経験があると考えられる。2000年2月にアラビア石油は，サウジアラビアにおける石油利権を失った。他方，日本は，2000年11月，イラン

のモハンマド・ハタミ大統領が訪日した際に，アザデガン油田開発を含む両国の協力に関する共同声明に署名した[50]。しかし，イランの核開発疑惑が問題となっていた2003年には，日本のコンソーシアムがアザデガン油田開発のための長期契約を締結した場合，制裁の対象になるかもしれないなどと米国に警告されたという情報もあり，米国から圧力を受けていたことが窺われる[51]。

2005年に保守強硬派のマフムド・アフマディネジャドがイラン大統領に就任して以来，国際社会における論調はよりイランの核開発問題に対して厳しくなり，イランは以前より孤立するようになった。米国からの圧力などにより，日本企業によるアザデガン油田開発は膠着状態にある。日本は完全にそれを諦めたわけではないと思われるが[52]，特に2005年以降，非常に高いリスクのプロジェクトと認識されている。

結　論

日本は，1970年代の石油危機以来，エネルギー需要のうち原油の占める割合を減らしてきた。その結果，石油依存度は1973年に77％だったのが2006年度には47.1％まで減少した[53]。しかし，原油輸入量はあまり減っていない。日本の中東産原油への依存は，1990年代以降も増加している。日本は，一方で石油への依存を減らすために代替エネルギーや省エネ対策を推進してきたが，他方で石油の安定供給のための適切な環境を作り，油田開発を進めてきたのである。

日本は，サウジアラビアやUAE，イラン，カタール，クウェート，オマーン，イラクなど中東の産油国との戦略的関係を築こうとしてきた。日本は中東の石油に大きく依存しているため，中東は日本のエネルギー戦略にとって重要である。他方，1990年代以降，日本は中央アジアやコーカサスの国々との信頼醸成に努めた。日本はコーカサスや中央アジアにおけるエネルギー資源にも関心を持っている。この地域からの日本への供給はまだ少ないが，将来的にはエネルギー資源開発のための協力関係強化が期待できるで

あろう。

　日本は，日本企業が西・中央アジアにおけるプロジェクトに参加する機会を得られるよう支援してきた。しかし，特に中東には，エネルギー開発プロジェクトの障害になりうる政治的・地政学的リスクが存在する。もちろん中央アジアやコーカサスにもそのようなリスクがある[54]。これについては，国や地域ごとに検証する必要があるだろう。イランの場合，日本は対話を継続しているが，米国の対イラン政策が変化しない限り，日本企業による油田開発の障害も取り除かれないと考えられる。

　原油高やエネルギー資源をめぐる国際競争，テロリズムなどグローバルな問題についても，考慮しなければならない。また，環境問題は，西・中央アジアに対する日本の新しいエネルギー戦略を構築するうえで重要である。

　エネルギー資源をめぐる国際競争の激化により，エネルギー資源輸入依存度の高い国々の間の協力はより困難になることも考えられる。これは，日本が今後取り組まねばならない課題であろう。概して，日本は，エネルギー資源の保有国と非保有国の両方と対話や協力関係を維持してきた。このことは，エネルギー問題のような現代のグローバル化が関係している問題を扱う際の開放的かつ包括的な戦略を反映している。

注
1) ここでの西アジアは，アフガニスタンからトルコまでのアジア西方の地域であり，コーカサスを含む。中東は，アフガニスタンからエジプトまでの地域であり，コーカサスを含まない。本章では特に中東地域に限定する必要がない場合，西アジアという言葉を使用する。
2) もちろんエネルギー安全保障へのこのようなアプローチは新しいものではない。例えば，ジュリア・ナナイは，ロシアとカスピ海地域の西側のエネルギー安全保障への貢献を，中東との比較を通じて論じている。Julia Nanay, "Russia and the Caspian Sea Region," in Jan H. Kalicki and David L. Goldwyn, eds., *Energy and Security: Toward a New Foreign Policy Strategy* (Washington, D.C.: Woodrow Wilson Center Press, 2005).
3) 本章では，グローバル化(globalization)という言葉を，「世界のある場所で生じた事柄が遠隔の人々や社会に影響を与えるような，社会間の連結を強めるプロセス」という意味で使用する。Steve Smith and John Baylis, "Introduction," in *The Global-*

ization of World Politics: An Introduction to International Relations (Oxford: Oxford University Press, 2001).
4 ）現代グローバル化は，モダンやポストモダンの時代のグローバル化と重なる。Simon Sweeney, *Europe, the State and Globalisation* (Essex: Pearson Education, 2005).
5 ）財団法人中東調査会・特別講演会における麻生太郎外務大臣の講演「わたしの考える中東政策」(2007 年 2 月 28 日)〈http://www.mofa.go.jp/mofaj/press/enzetsu/19/easo_0228.html〉。
6 ）Aso Taro, "Japan's Foreign Policy and Global Energy Security," *OECD Observer*, no. 261 (2007), p. 37.
7 ）IEA, *World Energy Outlook 2007* (Paris: OECD/IEA, 2007).
8 ）Press statement by OPEC Secretary General, no. 12/2007, Vienna, October 16, 2007 〈http://www.opec.org/opecna/press%20releases/2007/pr122007.htm〉; "Riyadh Declaration," Riyadh, November 17-18, 2007 〈http://www.opec.org/aboutus/III%20OPEC%20Summit%20Declaration.pdf〉.
9 ）IEA, *Energy Policies of IEA Countries: Japan 2003 Review* (Paris: OECD/IEA, 2003).
10）Aso, "Japan's Foreign Policy," pp. 37-38.
11）資源エネルギー庁『新・国家エネルギー戦略』経済産業省，2006 年 5 月 31 日，49 頁〈http://www.meti.go.jp/press/20060531004/senryaku-houkokusho-set.pdf〉。
12）麻生「わたしの考える中東政策」。
13）石油公団編『石油公団史：1997〈平成 9〉年度〜2004〈平成 16〉年度』石油公団，2005 年。
14）IEA, *Energy Policies of IEA Countries (Compendium): 2005 Review* (Paris: OECD/IEA, 2005).
15）Aso, "Japan's Foreign Policy," p. 37.
16）Idid.
17）John Gray, *False Dawn: The Delusions of Global Capitalism* (London: Granta Books, 2002, first published in 1998).
18）海外経済協力に関する検討会「報告書」(2006 年 2 月 28 日)〈http://www.kantei.go.jp/jp/singi/oda_2/houkoku.pdf〉。
19）ポスト冷戦やポスト 9.11 の時代は，ポストモダンのグローバル化の時代と重なる。この時代の文脈では，インターネットや携帯電話，海外の銀行口座や輸送システムにより，テロリストは以前よりも攻撃を実行しやすくなっている。
20）経済産業省経済産業政策局調査統計部編『平成 12 年資源・エネルギー生産・需給統計年報：石油・石炭・コークス』財団法人経済産業調査会，2001 年。
21）経済産業省経済産業政策局調査統計部，資源エネルギー庁資源・燃料部編『平成 19 年資源・エネルギー統計年報：石油・コークス・金属鉱物・非金属鉱物』財団法

人経済産業調査会，2008 年。
22）IEA, *Energy Policies of IEA Countries: Japan 2003 Review*.
23）経済産業省編『平成 19 年資源・エネルギー統計年報』。
24）同上。
25）アラビア石油株式会社「会社概況」⟨http://www.aoc.co.jp/pro/profile.html⟩; EIA, "Country Analysis Briefs: Japan," EIA, 2008 ⟨http://www.eia.doe.gov/cabs/Japan/oil.html⟩.
26）EIA, "Country Analysis Briefs: Japan."
27）国際石油開発帝石株式会社（INPEX）「事業内容：NIS 諸国」⟨http://www.inpex.co.jp/business/nis.html⟩。
28）経済産業省編『エネルギー白書 2008 年版：原油価格高騰　何が起こっているのか？』出浦印刷株式会社，2008 年。
29）同上。
30）INPEX「事業内容：NIS 諸国」。
31）経済産業省編『エネルギー白書 2008』。
32）同上。
33）INPEX「カザフスタン共和国北カスピ海沖合鉱区カシャガン油田の開発を巡る協議の最終合意について」⟨http://www.inpex.co.jp/news/pdf/2008/081031.pdf⟩。
34）廣瀬徹也「日本のシルクロード地域外交」小野澤正喜監修『ユーラシアと日本』筑波大学大学院地域研究研究科，2006 年。
35）外務省「クウェート国と日本国の間の共同声明」（クウェート，2007 年 5 月 1 日）⟨http://www.mofa.go.jp/mofaj/kaidan/s_abe/usa_me_07/kuwait_sei.html⟩；「サウジアラビア王国と日本国の間の共同声明」（リヤド，2007 年 4 月 28 日）⟨http://www.mofa.go.jp/mofaj/kaidan/s_abe/usa_me_07/saudi_sei.html⟩。
36）外務省「共同声明：日本・サウジアラビア王国間の戦略的・重層的パートナーシップ構築に向けて」（東京，2006 年 4 月 6 日）⟨http://www.mofa.go.jp/mofaj/kaidan/yojin/arc_06/jsaudi_sengen.html⟩。
37）外務省「日本・アラブ首長国連邦合同経済委員会第一回会合共同声明」（東京，2007 年 12 月 17 日）⟨http://www.mofa.go.jp/mofaj/area/uae/visit/0712_ks.html⟩；「サウジアラビア国と日本国の共同声明」（リヤド，2007 年 4 月 28 日）⟨http://www.mofa.go.jp/mofaj/kaidan/s_abe/usa_me_07/saudi_sei.html⟩；「日・カタール合同経済委員会第 2 回会合に際しての共同声明」（2007 年 11 月）⟨http://www.mofa.go.jp/mofaj/area/quatar/visit/0711_ks.html⟩。
38）外務省「ナーセル・クウェート首相の来日（概要と評価）」（2008 年 7 月 29 日）⟨http://www.mofa.go.jp/mofaj/area/kuwait/visit/0807_gh.html⟩。
39）経済産業省編『エネルギー白書 2008』。
40）外務省「イランの核問題（概要及び我が国の立場）」（2006 年 11 月 8 日）⟨http://www.mofa.go.jp/mofaj/gaiko/fukaku/iran.html⟩。

41) 外務省「マーリキー・イラク首相の来日(概要と評価)」(2007年4月)〈http://www.mofa.go.jp/mofaj/area/iraq/visit/0704_gh.html〉。
42) 外務省「我が国のイラクに対する今後の取組：長期的・戦略的パートナーシップ構築と国民融和の促進」(2007年3月16日)〈http://www.mofa.go.jp/mofaj/press/release/h19/3/1172833_800.html〉。
43) 経済産業省「石油・天然ガス分野における協力に関する日イラク共同運営委員会：第1回会合コミュニケ」(2006年10月27日)〈http://www.meti.go.jp/press/20061027001/communique-p.r.pdf〉。
44) 外務省「日本国とカザフスタン共和国との間の友好，パートナーシップと協力の一層の発展に関する共同声明」(アスタナ，2006年8月28日)〈http://www.mofa.go.jp/mofaj/kaidan/s_koi/kaz_uz_06/kaz_s.html〉；「日・ウズベキスタン共同プレス・ステートメント」(タシケント，2006年8月29日)〈http://www.mofa.go.jp/mofaj/kaidan/s_koi/kaz_uz_06/uz_s.html〉。
45) 外務省「日本国とカザフスタン共和国との間の友好，パートナーシップと協力の一層の発展に関する共同声明」。
46) 外務省「福田康夫日本国内閣総理大臣とヌルスルタン・ナザルバエフ・カザフスタン共和国大統領との間の共同声明」(2008年6月23日)〈http://www.mofa.go.jp/mofaj/area/kazakhstan/visit/0806_ks.html〉。
47) 外務省「日・ウズベキスタン共同プレス・ステートメント」。
48) 外務省「日本国とアゼルバイジャン共和国との間の友好とパートナーシップの一層の発展に関する共同声明」(東京，2006年3月10日)〈http://www.mofa.go.jp/mofaj/kaidan/yojin/arc_06/azerbaijan_gh.html〉。
49) 麻生「わたしの考える中東政策」。
50) "Joint Statement Concerning Cooperation Directed toward the Twenty-First Century between Japan and the Islamic Republic of Iran," Tokyo, November 1, 2000 〈http://www.mofa.go.jp/region/middle_e/iran/pv0010/joint.html〉.
51) The Economist, "Iranian Oil and Nuclear Power: Will America Invoke Sanctions?" *The Economist*, August 2, 2003.
52) 「対イラン国連制裁決議を支持，油田開発とは別問題＝官房長官」ロイター，2007年3月26日〈http://jp.reuters.com/article/worldNews/idJPJAPAN-25254720070326〉。
53) 経済産業省編『エネルギー白書2008』。
54) Nanay, "Russia and the Caspian Sea Region"; 清水学「カスピ海エネルギー資源の国際問題化」清水学編『カスピ海石油開発と地域再編成』アジア経済研究所，1998年も参照。

第10章　中央アジア地域の経済協力と紛争管理
―――北東アジア諸国の役割

ニクラス・スワンストローム

　ソ連解体以来，中央アジア諸国は経済の低成長によって悪影響を受け，国内総生産(GDP)の大幅な低下に悩まされてきた[1]。政治分野では，これら諸国と外部のアクターとの協力という点で幾分の進展が見られた。これはまず上海協力機構(SCO)の枠組みにおいてであり，複数の二国間協定を通じてである。しかしながら，現在の政治情勢においては取り組むべき大きな問題がまだ存在している[2]。これらの問題は中央アジア諸国間および国内において最も明らかである。さらに，上海協力機構は中央アジア諸国自身の間の協力に資するというよりは，まずもって中ロ間協力の，そして両国の対中央アジア諸国二国間協力の機関として機能しているとも言いうるのである。

　中央アジア内での協力枠組みを欠いていることは，特に国際的観点から注目に値する。地域的集団での政治的レトリックは別として，中央アジア各国間の協力レベルは低調なままであり，これは経済成長(と相互作用)の不足，各国内の政情不安，または各国間の対立・不信感情による。国際的観点からは，中央アジアは政治経済の構造が貧弱で紛争管理メカニズムが脆弱であると映る。国家間の不信に加え，一般市民の政府への態度にも疑念とシニシズムが残っている[3]。本章では，経済協力が中央アジアにおける紛争管理メカニズム構築に与えうるインパクトについて論じたのち，そのインパクトの限界を，当該地域の現状の結果として分析する。この文脈の中では，中央アジアにおける北東アジア諸国の役割への評価が中心となる。

1　地域機構の役割

　中央アジアにおいて政治的協力がなしうることに限界があるのは今や明らかである。最も注目される地域組織である上海協力機構を見ても，例えば中央アジアの参加国が EU モデルに沿って主権を一部移譲して統合するという発想を持つことは容易ではない。事実，EU は中央アジアの地域統合の適切なモデルとして資するところはない。そうした動きのための政治的基盤も歴史的文化的基礎もないからである。一方，東南アジア諸国連合(ASEAN)については，上海協力機構が時折「中央アジアにとっての ASEAN」と称されるように，可能性のある発展モデルとして考えることができるであろう。これは同機構が ASEAN と同じく，「内部分裂や摩擦の可能性について集団的な懸念を持つ発展途上地域内の近隣国による，国家が主体となる友好連合としてスタートした」からである[4]。ASEAN と同様，この集団は「参加国間の安全保障協力および経済発展を重視して」，対話をもとに発展した[5]。機構の「上海精神」が多くの点で，「相互信頼および互恵，平等，協議，異なる文明の尊重，共栄」を重視する「ASEAN の道」と共通点を持つことも指摘されてきた[6]。

　比較の基礎がある一方で，中央アジアの状況が大きく異なっていることは指摘されねばならない。主たる問題は当地域の現在の政治情勢である。現段階では中央アジア諸国間の信頼はほとんどなく，現在の相互関係はリアリストのゼロサム的心理の下でなされている。この難点は，中央アジアや上海協力機構の文脈において導入される協力が，プラスの傾向よりも，中央アジア諸国間の緊張や中ロ間の競争によって決まる極めて脆弱な基盤の上に立っているということである。機構は，中ロ間の深刻な不和が万一発生した場合にはそれを乗り切ることができる組織であるということを，いまだ証明できていない。

　上海協力機構は一層の経済協力，地域のインフラへの投資，そして地域における商慣行・基準の改善の重要性を認識しているようである。ビジネス環

境改善の取り組みにおいて，機構は経済発展のための構造を改善するためにより多くの資源を投入したが，これは中ロがその影響力を用いて中央アジア諸国をその影響圏に引き込むというものであった。協力は深化したが，将来のさらなる統合という考えは，結局は中ロ両大国が支配することになりかねないとの危惧から，中央アジアの指導者たちの間では懐疑のまなざしで見られがちである。

それでも，協力の進展は確実に，貧弱な紛争管理機構と域内各国間の信頼の欠如にとっての改善策となりうる。経済協力は長らく国家間のより良い関係を促進するために用いられる信頼醸成手段と考えられてきた。EU，アンデス共同体，アジア太平洋経済協力(APEC)，北米自由貿易協定(NAFTA)，メルコスール(南米共同市場)の形成はこのアプローチのほんの数例である[7]。このように，特に経済協力分野における地域機構は国家間のさらなる統合，平和的発展の道具として，徐々に受け入れられている。一方，経済協力・統合が国家間関係を規定することに関して限界に苦しんでいる形跡もある。例えば北東アジアでは，地域経済の統合が世界で最も進んでいる地域の一つであるにもかかわらず，政治的緊張がなお深刻である。では，中央アジアにおける緊張緩和と信頼醸成の道具としての経済協力の可能性とは何であろうか。

2　中央アジアの文脈

(1)　経済的機会とインフラの改善

中央アジアの経済状況は幾分改善した一方，貧困は今も広い範囲に見られる。これには多くの理由があるが，その一つは地域の経済協力が極めて低調であること，中央アジア諸国経済の相互補完性が低レベルであることと関係している[8]。中央アジア諸国間の疑念は経済の非効率性を惹起し，その結果協力と共同開発の機会が限られている。簡単な例を挙げれば，現在の中央アジア諸国の国境管理は，人と物の移動を鈍化させている。貧弱なインフラと運搬アクセスは，もう一つの要因として越境貿易の利益の可能性を制約して

いる。国境関係の問題はこの地域において特に問題を孕んでいる[9]。1999年と2000年にタジキスタンからウズベキスタン・イスラーム運動(IMU)が自国に越境したことを受けて、ウズベキスタンはタジキスタンとの国境線の一部に地雷を敷設した[10]。一方クルグズスタン(キルギス)は、ウズベク人が難民として国境を越えて流れ込んできた場合、ウズベキスタンでの不穏な情勢が自国に波及するのではないかと懸念している[11]。こうした現実がより良い越境的ネットワークの構築を妨げているのである。

　北東アジアの例のように、政治制度への波及効果があまり明白でないとしても、地域の貿易が拡大するためには、各国の経済制度の間で一定の信頼を育むことができる強力な地域的制度の構築が求められる。中央アジアでは政府が過度に経済取引に介入する傾向があるが、これは特にエネルギー、鉱業、農業など重要産業分野において国営企業が支配的な傾向を持っているからである。このことは国家間の経済取引をさらに困難にしている。私企業部門と比較して、各国政府は過度に保護的であり、経済取引がそれぞれの指導部の持つ政治的利害に与える影響について、極めて慎重である。そのような態度はより緊密な経済協力の妨げである。さらにはこうした現実が短中期的に変化する兆しもない。このことから、経済部門改革および取引における協力への取り組みには、政府を巻き込むことが決定的に重要である。

　さらに、中央アジア諸国はエネルギーや水資源が主要な資産で、製造業が脆弱なままであり、各国間での貿易における相互補完性は著しく低い。消費財や高度な最終製品はほとんどが中国とロシアからもたらされる。中央アジア諸国における製造業発展の失敗は、すなわちこれらの国が基本的に一次産品輸出国であることを意味する。この状況は、国内の住民間、地域(サブリージョン)間での富の極めて不均等な配分によってさらに悪化する。すべての国で、サブリージョン間に明らかな隔たりがあり、不均等な経済機会と格差が相当な国内緊張を生み出している。場合によっては、別の国をまず通過しないと陸路でサブリージョン間を移動するのは事実上不可能である。例えばタジキスタンの首都ドゥシャンベとフジャンド・ペンジケント間を移動する際などである。これは部分的にはソ連の政策の結果であるが、より重要

なのは，政府が辺境地域と接続することにあまり関心を持っていないということである。その第一の理由はこうした地域が政治的ライバルの勢力基盤となっているからであり，第二の理由はこうした地域に巨額のインフラ投資をしても経済的なインパクトが少ないからである。一例として，パミール高原地域がタジキスタン経済に統合されていないことが挙げられる。

(2) 外部プレーヤーの役割

地域内の経済協力の低調さゆえに，経済的な刺激や投資の多くは域外からもたらされる必要がある。日本，中国，韓国がこの点で重要な役割を果たしている。中国と韓国は中央アジア諸国の国内政治問題を注視することはせず，経済・貿易関係に焦点を当てている。一方日本は中央アジアにおける熱心なプレーヤーであり，特にカザフスタンでの経済活動に積極的である。直接投資は2006年(累計)で13億4400万米ドルにのぼる[12]。さらに日本は開発援助を供与し，中央アジア諸国との交流の中で人間の安全保障問題に焦点を当てている。一方で中央アジアでの政治改革となると慎重な姿勢をとっている。この点は，民主化および人権問題についてより高い要求をする傾向のある米国や欧州の政府と対照的である。EUは，北東アジアの各国政府による当地域への進出に比肩しうる戦略を見出すには分裂し過ぎている。ロシアはと言えば，目下この地域において政治的・軍事的に最も重要なアクターである。しかしその影響力は国内の経済的・政治的問題の結果衰退している。

実際のところ，十分な外国投資がないために，中央アジアにおいて十分な経済協力が発展可能なようには現在のところ見えない。欧州統合計画のために米国が行った支援は，第二次世界大戦後において不可欠なものであった。同様に，制度化された協力を実現するのであれば，中央アジア諸国政府への外部の支援と激励が必要である。この試みを成功させるために，アジア，米国，欧州の外部アクターは，より緊密に連携することによって戦略をさらに調整する必要があるだろう。中央アジアの貿易ルートを多角化し，西洋とアジア双方との関係を改善することを可能にするという意味で，これが最も理想的な展開であろう。重要なのは，これが地域を開放的にしたいという中央

アジア諸国政府の望みを実現させるという点である。

　当地域を強固にし，外部世界との結びつきを促進する協力機構を確立する必要がある。以前の論文で筆者は石油ガス連合を提唱したが，これはプロジェクトを経済的に実現可能とするために最大能力で稼動する安全なパイプラインシステムを通じて，油井を精製所および消費者に結びつけるものであった[13]。新たな通信網，貿易の結びつき，共同生産のラインを築く中で，当地域の国家は東方の消費市場(石油・ガス)や生産財市場(消費財)とのさらなる統合だけではなく，地域内の統合も促進するであろう。パイプラインシステムの構築は，1～2カ国にとどまらず通過料によって通過国にも利益を生む投資を呼ぶ可能性がある。基本的にこれは中央アジア地域が，全関係者にとってのより大きな市場機会と利益を生み出すために統合することを意味する。

　とは言うものの，取り組まれるべき問題がまだいくつかある。主要な障害の一つは，既に建設された新しいインフラが地域の貿易の中心地とのみつながっていることである。その一方で村落部や小都市は大きな貿易ルートから外れ，周縁のままである。北東アジア諸国とその他の域外国との間で，中央アジアの資源と地域への影響力をめぐる競争も拡大している。米国，中国，欧州の数カ国(特にドイツ)，トルコ，ロシア，イラン，インド，パキスタンが主要なアクターに含まれる。北東アジアの国々の中では日本は非常に積極的であり，その影響力は過小評価できない[14]。最終的に，中央アジアがオープンな地域であり続け，外部アクターが集団的かつ包括的な発展戦略を持つ場合のみ，中央アジアは安定的となるであろう。

　中央アジアの市場の発展を損なう別の問題は，地域内貿易パターンの十分な活用に失敗していることである。中央アジアにおける投資が増加しているにもかかわらず，中央アジア域内貿易はいまだ世界でも最も低いレベルである。投資のほとんどは投資家との直接的な結びつきを生むが，これは信頼醸成に役立つような国家間の結びつきに還元されてはいない。国内での中心－周辺問題は中央アジアにおいて重要であり，周辺地域は中心と結ばれた成長可能なインフラを欠いている。結果，周辺地域は貿易を失うという形での機

会喪失に悩まされている。これは相当な社会的摩擦を生じさせており，この結果起こる国内の緊張は中央アジアの政治にインパクトを与えるであろう。

(3) 国家建設の課題

独自の経済投資やインフラ開発は十分ではない。この地域における最大の根本的問題は，政府と政治システムの脆弱性である。カザフスタンは汚職が少なく最も安定しているという点で特筆されるべきではあるが，汚職は当地域に蔓延している。汚職という問題は，政府内部の影響力ある人物が実際に直接間接を問わず組織犯罪に関与するまでに悪化しており，正常な経済発展のための機会を損ねている[15]。こうした政治的悪習や権力濫用が適切に対処されない限り，効果的で信頼できる経済構造を築くのは困難であろう。

この問題の解決は，経済運営における国家の役割を削減することを目的とした新自由主義経済政策や西洋的民主化の移植による白紙委任の改革を強要することではない。むしろ，この分野における焦眉の急は，地域の安定的な政治的・法的構造の育成であり，これは国家建設の取り組みにおいて基本的な要件である[16]。この戦略は，益よりも害のほうが多い急激な変革ではなく，国家制度の漸進的変革に焦点を当てるものとなるべきであろう。この地域における中長期的な政府の持続は経済発展と国際的な投資次第である。それゆえ，脆弱な国家制度が特に法・経済面で支援・強化されることが重要である。国家制度がさらに危険にさらされれば，「悪貨は良貨を駆逐する」ために，経済は大きく損なわれ，犯罪者は不正に得た利益を合法的資産に換えようとし，そのために経済プロセスにおける本来の投資家の役割は損なわれるであろう[17]。

3 中央アジアにおけるアクターとしての北東アジア諸国

中国，日本，韓国は中央アジア諸国が独立を達成した1991年以降，当地域にますます強い関心を示している北東アジアの三国である。中央アジアは，程度の差こそあれこの三国にとって国家戦略の一部となり，場合によっては

中央アジアは安全保障上の関心事となっている。これら北東アジア三国にとって，中央アジアはエネルギー安全保障戦略上重要な役割を持っている。中国の場合，特に新疆の分離主義対策の点で，中央アジア諸国は政治的・軍事的安全保障面でも欠くべからざるものとなっている。

　政治的には，三国の中で中国が最も支配的なアクターとして台頭しつつあるため，北東アジア諸国の影響力は不均衡に見える。この影響力はまずもって上海協力機構の制度化によってはっきり示されたが，この機構を通じて中国は，トルクメニスタンを除く中央アジア諸国との政治的・軍事的協力を開始したのであった[18]。これは中国側からの非常に強い国境安全保障という側面を伴って行われた。中国は政治的な，「ソフトな」力をこの地域に成功裡に拡大したが，問題がないわけではなかった[19]。日本と韓国は最近まで概してこの動きの傍観者であった。実際，中国政府は，政治的，特に軍事的影響力はまだロシアの後塵を拝してはいるが，この地域の政権にとって最も重要な政治的後援者の一つに成長したのである。中国が中央アジアにおける自らの立場をロシアとともに強化するにつれて，他の外部アクターがこの地域から追い出されてしまうのではないかという懸念が持たれている。

　古代シルクロードの時代に遡れば，中央アジアは常に北東アジアとの貿易パートナーであり，北東アジアに出入りする商品の通過ルートであった。ソ連時代，この地域はロシアが中国西部との国境を閉じ，交流を阻んだために難所と化した。中央アジアにおける現在の北東アジア諸国の経済活動は，エネルギー分野が間違いなく最も重要であるが，鉱業や農業（綿花貿易）などいくつかの部門でも見られる。中央アジアに対し北東アジア諸国が関心を高め，またある程度において，特に天然資源や中継貿易の可能性という点で中央アジアへの依存を高めつつあるということに異論を挟む者は少ないだろう。北東アジア経済（第一には製造業に基礎を置く）と中央アジア経済（まずもって資源志向的である）との相互補完性は高いものがある。インフラ，パイプライン，石油・ガス部門開発，鉱業への投資は，中央アジア諸国間よりも中央アジアと北東アジアとの結びつきをますます強くしている。

　日本と韓国は，中国の進出に似たパターンをたどりながら中央アジアへの

海外直接投資を増加させている。日本はこの地域における主要な投資者の一つであり，韓国がこの二国に続いている。中央アジアでの自らの立場を強化する手段として，日本は2004年8月に「中央アジア＋日本」対話を提唱し，小泉純一郎首相が2006年8月に4日間の日程でカザフスタンとウズベキスタンを歴訪した。中国との比較から言えば，日本は総じてこの地域でのビジネス拡大という点で幾分テンポが遅い。開発援助計画を通して醸成された友好を，この地域で得られるビジネスの機会を見つけて投資するために十分に活かしきれていない。この根本的な理由として，日本企業がリスクを嫌い，中央アジア地域を取り巻く不透明感のため市場参入に消極的であることが挙げられる。しかし，近年日本が中央アジアからのウランを含めたエネルギー供給の確保に積極的に動くことによってそのペースを上げてきていることも付言せねばならない。

　盧武鉉韓国大統領は2004年に中央アジアを訪問した。彼の訪問に続き，韓国政府は中央アジア諸国との貿易レベルを2006年の10億米ドルから2015年末までに100億米ドルに引き上げる目標を立てた。韓国は道路・港湾・住宅建設契約の額を2006年の10億米ドルから50億米ドルに増加させることも目標としている[20]。韓国は2007年11月に初めての韓国・中央アジア協力フォーラムを開催し，韓国の政官財・学界の160人近くの参加者が中央アジア5カ国代表と会談した。この会合では資源へのアクセス，建設，IT，文化，教育，観光といった広範な問題が討論で取り上げられ，人材交流促進や中央アジア諸国とのネットワーク拡大のための公約コミットメントも含まれていた[21]。

　この加速する取り組みのプラスの効果としては，中央アジアと北東アジアの間の貿易の結びつきの強化，インフラへの新たな投資，いずれこの地域の中小企業にも拡大するであろう合弁事業経営の開始がある。投資の大半は天然資源(石油，ガス，ウラン，鉱物)採取の分野になされており，これらは一次産品として北東アジアに輸出されている。中央アジアでこれら天然資源の加工や精錬がほとんど行われていないのは重要である。

　しかしながら取り組みの増大はマイナス面も持っている。一方では，中央

アジアと北東アジアの各政府は経済・政治のさまざまな分野で調印される二国間条約の増加に伴い，信頼を深めてきた。もう一方で，経済的影響力，および中国との場合では政治的影響力の拡大が，政府間の緊張を高め，中央アジアの一般の人々の間に北東アジア各政府への不信の種を蒔いてきた。このことは特に，権力エリートの間で大きな支持を獲得したが一般市民の間でますます問題視されている中国にとって，難しい問題である。後者の間では，中国は地域の支配的な大国として単にロシアにとって代わろうとしていると見られている。こうした懸念に応えて，中央アジア各国政府は中国からの過度な製品・投資の受け入れに消極的になった。日本と韓国はこの問題の代替パートナーとして部分的な解決策を提示しており，切迫した脅威というよりは，（少なくとも現時点では）中ロの覇権に対するバランサーとして考えられている。このように，他の外部アクターとの政治的協力拡大と，貿易関係の多角化とによって，ロシアと中国に対する依存は大きく減らされうる。このことは，地域における経済的・政治的影響力を拡大する入り口を日本に示している。しかしながらこの状況は日本政府に十分に利用されておらず，最近の外交努力にもかかわらず相対的に受け身の役割を演じ続けているのである。

　中央アジアでの新たな投資によって生じた問題は，特に地方レベルにおいて，北東アジアの企業が地元企業を駆逐してきたために重大である。この問題は主に中国の活動の結果であるが，他の北東アジア諸国も地方のビジネス環境に徐々にインパクトを持ち始めている[22]。北東アジアの投資家たちはそもそも雇用機会を創出するビジネスを志向しているのではなく，特に中国は，自らがスポンサーとなるインフラ関連の建設に中国人労働力を使ってきた。このことは中国の関与に対する中央アジアの人々の否定的な態度を強めてきた。逆説的ではあるが，ある人が中央アジアのバザールに行けば，地元の産品よりも主に中国製品で占められているのを見るだろう。日本製品や韓国製品がやがて中央アジアに入っていく時は，日本と韓国は中国と似た問題に直面することになるだろう。日本製品も韓国製品もより高い品質であり，中央アジアのより低い品質の製品と競争する必要はないので，問題はさほど深刻ではない。それでも，日本と韓国はこの地域のリーダーや一般市民に対して

自らをどのように見せるか注意し，中国と同じ過ちを犯さぬよう自制する必要がある。

結論と提言

　中央アジアにおける信頼を高める一助となる地域的な紛争管理機構とメカニズムは概して欠けている。上海協力機構はそのギャップを埋めようとしているが，目下のところあまり成功していないということは認められるべきである。短期的には，この機構が地域紛争管理の基盤となることについては高望みは控えるべきであろう。長期的に見ると，この役割は最終的に中ロ関係の進展にかかっている。

　域内貿易は制約があり，少なくとも当面は，現在の政治状況と貧弱なインフラネットワークのためにこの分野での大きな進展は期待できないだろう。この地域におけるインフラの欠如は主たる障害であり，早急に対処されなければならない。機能的なインフラネットワークを欠いた状態では地域全体の貿易は不十分であり続けるだろう。貿易構造の不均衡は中央アジア諸国間の不信を増大させ，国内の中心―周辺関係にも影響を与えるであろう。

　投資は資本市場，天然資源部門，インフラ（特に輸送ネットワーク）で求められている。しかし，経済の潜在能力を最大限引き出すために，汚職と組織犯罪の問題に立ち向かう必要がある。法的，政治的，経済的制度が，国家の基盤を強化するために改革されなければならない。国際的商慣行と政治規範を遵守する強く安定した国家は，経済発展や異なったアクターの間の信頼の構築にとって重要である。目下，地域間の相互作用はシステム内の予見可能性の低さからさらなる不信を生み，摩擦を生ずる可能性がある。第二次世界大戦後の経済的成功と一流の経済システム構築によって，日本はこの問題においてより大きな助言的役割を果たすことができる。

　本章では，中国，日本，韓国という北東アジア諸国の役割についての分析が別個に行われ，経済・投資面でのアクターとしての役割に力点が置かれた。これは北東アジアが自身の地域的協力制度も制度化された紛争管理メカニズ

ムも持ち合わせていないからである。この点から，北東アジア地域は中央アジア諸国が見習うべき紛争管理モデルとして資することはない。それでも，これら三国が中央アジアの現在と未来に持つインパクトは退けることはできない。それは三国のプレゼンスによって中央アジアがオープンであり続けることが保証されるからであり，その経済的活力ゆえに中央アジア諸国が学びうる経済モデルとして役立つからである。中央アジアにおける北東アジア諸国のインパクトは依然プラスマイナス入り混じったものであるが，この地域への北東アジア諸国の経済的，政治的関与は，長期的には中央アジアの経済と安定性の価値を高めることから，肯定的に見られるべきである。

中央アジア市場への北東アジア企業の参入にあわせて，否定的な感情が大きくなっていることも認められるべきである。彼らは地域に一定の利益をもたらしているが，一部の部門から地元企業が駆逐されたことを受けて，中央アジアの企業は北東アジアの企業との競争は難しいと感じている。北東アジア諸国の経済的インパクトはかつてないほど重要になっているが，この地域で建設的な安定剤の役割を果たしたいのなら，自身のイメージ・活動についてより注意深くなる必要がある。このことは，これら諸国の政治的影響力増大の問題にも当てはまる。日本はロシアと中国の均衡維持において，そして中央アジア経済をさらなる開放へと導くにあたって，軸となる役割を持っている。中ロの支配の可能性に関して中央アジア諸国が疑念を持っているため，このシフトは実現可能なものである。日本は中央アジア諸国と米国，欧州諸国との間の仲介者の役割も果たすことができる。

中央アジアにおける緊張緩和と信頼醸成の道具としての経済協力の可能性とは何か。中央アジアが直面している課題は多面的である。さらなる経済協力に着手するために，国家制度が強化され，犯罪ネットワークが取り締まられなければならない。次に，地域の経済的社会的格差から生じる国内の緊張を避けるために，政府・支援者両方が均衡のとれた発展と投資に留意せねばならない。最後に，外国投資と開発援助は高く評価されているが，北東アジアを含む外部アクターは中央アジアに関与する際は自身の行為と戦略に関して敏感になる必要がある。

(英語から立花優訳。原題は "Economic Cooperation and Conflict Management in Central Asia: What Role for Northeast Asian Actors?")

注

1) Tamás Borkó, "Overall Development and the Role of Competitiveness in Caucasian and Central Asian Countries," *Caucasus & Central Asia (CCA) Review* 1, no. 2 (July 2007), p. 16.
2) Niklas Swanström and Nicklas Norling, "Editors Note," *China and Eurasia Forum Quarterly* 5, no. 3 (August 2007) ⟨http://www.isdp.eu/files//publications/cefq/07/August_0.pdf⟩.
3) Ibid.
4) Bunn Nagara, "An 'Asean' for Central Asia?" *The Star*, June 18, 2006. 以下の文献からの二次引用。Christopher Len, "Energy Security Cooperation in Asia: An ASEAN-SCO Energy Partnership?" in Mark Hong and Teo Kah Beng, eds., *Energy Perspectives on Singapore and the Region* (Singapore: Institute of Southeast Asian Studies [ISEAS], 2007), p. 169.
5) Nagara, "An 'Asean' for Central Asia?"
6) Len, "Energy Security Cooperation in Asia," p. 169.
7) Niklas Swanström, *Regional Cooperation and Conflict Management: Lessons from the Pacific Rim* (Uppsala: Uppsala University, 2002).
8) Frederick Starr, ed., *The New Silk Roads: Transport and Trade in Greater Central Asia* (Washington, D.C. and Uppsala: Central Asia-Caucasus Institute & Silk Road Studies Program, 2007) ⟨http://www.isdp.eu/publications/books/07/thenewsilkroads⟩.
9) *Central Asia: Border Disputes and Conflict Potential* (Osh and Brussels: International Crisis Group, ICG Asia Report, no. 33, April 4, 2002).
10) Ibid., p. 11-12.［訳注：IMUは1999年に，タジキスタン領内の根拠地からウズベキスタンを目指してクルグズスタンに侵入したが，ウズベキスタンには到達しなかった。2000年に別ルートでウズベキスタンに侵入した。］
11) "Uzbekistan: In for the Long Haul," *Asia Briefing* (International Crisis Group), no. 45, February 16, 2006, p. 10.
12) Ministry of Foreign Affairs of Japan, "Japan-Kazakhstan Relations," January 2008 ⟨http://www.mofa.go.jp/region/europe/kazakhstan/index.html⟩.
13) Niklas Swanström, "An Asian Oil and Gas Union: Prospects and Problems," *China and Eurasia Forum Quarterly* 3, no. 3 (November 2005), pp. 91-95 ⟨http://www.silkroadstudies.org/new/docs/CEF/CEF_Quarterly_November_2005.pdf⟩.
14) Christopher Len, "Japan's Central Asian Diplomacy: Motivations, Implications and Prospects for the Region," *China and Eurasia Forum Quarterly* 3, no. 3

(November 2005), pp. 127-149 ⟨http://www.silkroadstudies.org/new/docs/CEF/CEF_Quarterly_November_2005.pdf⟩.
15) Niklas Swanström, "Political Development and Organized Crime: The Yin and Yang of Greater Central Asia?" *China and Eurasia Forum Quarterly* 5, no. 4 (November 2007), pp. 83-101 ⟨http://www.isdp.eu/files/publications/cefq/07/ns07politicaldevelopment.pdf⟩.
16) Ibid.
17) Margaret E. Beare and Stephen Schneider, *Money Laundering in Canada: Chasing Dirty and Dangerous Dollars* (Toronto: University of Toronto Press, 2007), p. 61.
18) Niklas Swanström, "Chinese Business Interests in Central Asia: A Quest for Dominance," *Central Asia-Caucasus Analyst*, June 18, 2003 ⟨http://www.cacianalyst.org/?q=node/1238⟩.
19) Niklas Swanström, "China's Role in Central Asia: Soft and Hard Power," *Global Dialogue* 9, no. 1-2, 2007.
20) "Korea to Expand Economic Ties with Central Asian Countries," *Korea.Net*, November 9, 2006 ⟨http://www.korea.net/News/News/NewsView.asp?serial_no=20061108040⟩.
21) "The 1st Korea-Central Asia Forum to be Held," *Korea.Net*, November 8, 2007 ⟨http://www.korea.net/news/news/newsView.asp?serial_no=20071112013&part=101⟩; Cho Jung-pyo, "Korea, Central Asia Coming Closer," *The Korea Times*, November 18, 2007 ⟨http://www.koreatimes.co.kr/www/news/opinon/2008/02/198_13914.html⟩.
22) S. Frederick Starr, "Central Asia in the Global Economy," Asian Development Bank, 2004 ⟨http://www.adb.org/Documents/Events/2004/Ca-Global-Economy/CentralAsia.pdf⟩.

結　語

　本書の内容から見て，日本の中央アジア外交はどのように評価できるだろうか。また，どのような課題を抱えているのだろうか。

　本書の執筆者の中央アジア外交評価はさまざまだが，大筋としては2つの面に分けられよう。一つは，日本が多方面にわたる支援や対話を行ってきたことは，現地でも国際社会でも一定の評価を得ている，ということである。もう一つは，それにもかかわらず，日本の存在はロシア・中国・米国などの陰に隠れがちである，ということである。

　なぜ日本の存在は地味なのだろうか。この疑問を，技術的な問題から本質的な問題に進む順で，5つに分けて検討していこう。第一に考えられるのはPR不足であり，日本大使館などが(これまでも努力してきたとはいえ)PRに一層力を入れるべきだというのはよく指摘されるところである。ただし，実は中央アジア諸国の新聞・テレビやインターネットのニュースサイトでは，日本の支援や要人往来に関するニュースは，派手な扱いではないもののまめに拾われている(逆に，中央アジア諸国の大統領が訪日しても日本のメディアがあまり取り上げないことは，中央アジアの外交官らの不満の種になっている)。したがってこの問題も結局は，外交戦略や経済活動の面で継続的に存在をアピールできる材料が少ないという後述の問題につながっていく。また，中央アジア情勢を報じる国際的なメディアの多くが欧米人・ロシア人や欧米と利害関係のある現地人に握られていて，彼らの視野に日本があまり入っていないという問題もある。中央アジア関連に限らず，日本の存在をアピールするためには，国際的なメディアでの発信能力があるジャーナリスト・研究者・外交官を格段に増やす必要がある。

第二は，日本外交や中央アジア情勢を観察する人々の物の見方の問題である。多くの観察者が派手な地政学的駆け引きに目を奪われているため日本に注目しないが，中央アジアの開発のための長期的な貢献としてとらえれば日本の取り組みは十分評価できる，というレンの見解が一つの答えとなる。ただし貧困削減から産業構造の改善，グローバル化への対応に至る多様な課題を持つ中央アジア諸国に対して日本が個別の案件を越えた援助哲学を確立できているのかどうか，また後進国として見られたくないというプライドが高い中央アジア諸国政府から適切な援助要請を引き出せているのかどうかについては，なお検討の余地があるだろう。カザフスタンのように近年経済が好調な国については，そもそも援助の必要性が低下しているという問題もある。

　それと関連して第三の問題は，ダダバエフらが述べるように，日本の支援が現場でどの程度効果的に行われているのかという疑問である。パソコンを寄贈しても細かなアフターケアはしない，というのは日本の政府開発援助（ODA）が受け入れ側の「自助努力」を旨とする以上当然だが，援助についての認識のギャップを埋め，アフターケアについての助言を行う努力は日本側に必要だろう[1]。なお，各国の首都では日本の支援があまり認識されていなくても，地方では日本の支援で行われたインフラ整備などが地域経済に大いに役立ち感謝されている場合もある，ということも指摘しておきたい。

　第四に挙げられる大きな問題は，投資と貿易，つまり民間の経済活動が不活発だということである。最近は経済界の一部にカザフスタンへの投資ブームが見られるものの[2]，これまで十数年，政府が中央アジアへの関与の旗を振っても民間がついてこない，という問題が一貫して指摘されてきた。中央アジアは市場として規模が小さく，天然資源は豊富でも輸送が不便で，投資リスクも大きいから，積極的に投資・貿易をする必要はない，というよく聞かれる主張は，一見理屈にかなっているようではある。しかし，例えば近年レアメタル高騰に伴い日本企業が中央アジアのレアメタルに関心を示しているが，価格が安いうちに鉱脈開発権を取得していればもっとスムーズに輸入できたはずであり[3]，多少のリスクやコストを覚悟しても先行投資をすることが必要な場合はあるだろう。また，市場規模が小さいからといって軽視せ

ずに日本製品の販売努力を続けることが，（現にカザフスタンでそうなっているように）現地の消費者の購買力が上がった時に，日本製品を有利にするはずである。

　経済活動の活発化は，スワンストロームが指摘するように，現地の企業などとの間に摩擦を生む可能性もあるが，基本的には日本経済と中央アジア経済は競合というよりも補完関係にあるため，国家間関係の強化に有益であろう。本書のベースとなったワークショップで杉本侃（欧亜総合研究所）は，1970年に西ドイツとソ連が結んだ天然ガス協定に基づく東西の信頼関係が，ベルリンの壁崩壊の遠因となったと指摘したが，経済関係が国家間の信頼関係や国際秩序の形成に与える長期的な影響に，日本人はもっと自覚的になってよい。

　第五の問題は，中央アジアに対する地域戦略の立て方の難しさである。以下，この問題をさまざまな角度から検討したい。

　まずは，現在の対中央アジア外交の主要な枠組みとなっている「中央アジア＋日本」対話についてである。日本がこの枠組みを立ち上げ，中央アジア域内の協力強化の触媒でありたいという意志を表明したことは，本書の執筆者を含む多くの論者に好意的に評価されている。ただし，ワークショップで湯浅が，「中央アジア＋日本」対話はより制度化されなければならないと述べたように，この対話がいまだ不定型なものであることは否定できない。同対話の発足後，中央アジア諸国間の戦略的なレベルでの連携が上海協力機構（SCO）など他の枠組みで進む一方，水利用やエネルギー供給など日常的な問題での諸国間の対立が収まらないという現状では，日本ができることには限界がある。

　最近ではむしろ，伝統的な二国間外交の枠組みで再び進展が見られている。2007年から2008年にかけて，クルグズスタン（キルギス），タジキスタン，カザフスタンの大統領が相次いで訪日したが，特にカザフスタンとの間では，貿易・投資の拡大について従来になく踏み込んだ内容の共同声明や覚書が出された（2008年6月）[4]。多国間外交か二国間外交かという枠組みにこだわらず，できる時にできることをやるというのは，とりあえず現実的な手法であ

ろう。

　しかしそれにしても，日本が世界，特にユーラシアに対する外交戦略の中で中央アジアという地域をどのように位置づけるかは，いまだに明確になっていないと言わざるを得ない。橋本龍太郎は「太平洋から見たユーラシア外交」を唱えたものの，その中の3要素である対ロ外交，対中外交，対中央アジア・コーカサス外交をどのように組み合わせるかについてはほとんど説明がなかった。麻生太郎の「自由と繁栄の弧」構想は，湯浅論文(第4章)が述べるようにユーラシアへのまなざしを濃厚に含んでいたにもかかわらず，対ロ・対中外交という要素をほとんど欠いたものであった。日本と中央アジア双方の隣国であるロシアと中国を視野の外に置いた対中央アジア政策は，どうしても上滑りなものになる。岩下論文(第7章)が提案するように上海協力機構という枠組みを介すか，あるいは宇山論文(第5章)が提案するように「拡大東アジア」のような日本独自の地域設定をするかは別としても，ロシア・中国・中央アジアという3つの地域を視野に収めた外交ヴィジョンを確立することは急務だと思われる。

　このことと関連して考えなければならないのは，ロシア・中国・中央アジア諸国はともに，欧米や日本で言う意味の民主国家ではないという問題である。中央アジア諸国は，形としては近代的な行政・立法・司法の機構を整え，一部の例外を除いて選挙も定期的に行っており，各国政府は自国を民主国家とみなしている。しかし実態としては，大統領・政府に対する批判の封じ込めや選挙の過程および結果の操作が広く行われ(ただし国によってこれらの統制・操作の度合いは異なる)，大統領の交代も稀であり，権威主義的な政権が長期化している[5]。

　米国および欧州のいくつかの国々がこうした中央アジア諸国の状況を厳しく批判し，民主化を要求してきたのに対し，中ロは権威主義的な体制を露骨に支持し，日本は時に民主化の必要性について真剣なメッセージを発しつつも全般的には微温的な態度をとってきた。民主化要求はしばしば欧米と中央アジアの関係を緊張させ，特にアンディジャン事件後，米国とEUはウズベキスタンに対し制裁を含む厳しい態度をとったが，結局実効性がないままな

し崩し的に制裁解除に追い込まれた。現地の一般国民の間でも，民主化より安定を重視する声や，外からの民主化要求に対してナショナリスティックに反発する人々が少なくない。そのような状況からは，欧米よりも中ロや日本の態度のほうが正しかったように見えるかもしれない。しかし，反対派政治家や一般市民への人権侵害はやはり看過できない事態であり，多くの執筆者が指摘するように，粘り強く対話を続ける必要があるだろう。

　その際気をつけなければならないのは，民主主義をめぐる問題が，ロシア・中国・中央アジアと欧米・日本の「陣営対立」であるかのような印象を作らないことである。日本はこれまで米国の同盟国としての立場を強調しないことによって，中央アジアで中立的存在として歓迎されてきた。2008年8月のグルジアとロシアの交戦をきっかけに，米ロの「新冷戦」が話題になったが，中央アジア諸国は幸いこの対立から距離を置く態度を示しており，日本も米ロ対立に手を貸さずユーラシアの安定を最優先する態度を示すことによって，中央アジア諸国との友好関係を維持していくことができるだろう。

　これらさまざまな問題を考慮したうえで，中央アジアが日本外交全体の中で持つ重要性を再確認する必要がある。これまで，日本外交の中での中央アジアの優先順位は必ずしも安定していなかった。中央アジアへの注目度が，欧米や東アジアをはじめ伝統的に日本にとって重要な地域に比べ低いのはもちろんとしても，近年は途上国支援という意味でもアフリカなどに遠く及ばなくなっている。これは，アフリカの貧困が中央アジアよりもはるかに深刻で，日本に限らず先進国や国連が危機感を持っているから当然ではあるが，ある地域に注目が集まれば他の地域に対する外交が滞るというのではなく，恒常的に外交努力が続けられる体制が必要であろう。そうでないと，中央アジア外交を担当する官僚や政治家が，同僚の注意を引きつけるために新しいスローガンや枠組みを考え出し，十分な成果を挙げられないまま数年後にまた新しいスローガンを出さなければならないという事態が続くことになってしまう。

　他方，日本側の努力だけで改善できない問題も多い。ダダバエフが指摘するように，中央アジア諸国には外国からの支援に対して受動的な姿勢が強く，

自ら綿密に練った開発計画の中で援助の必要な部分を外国に要請するという，日本のODAが前提としている「自助努力」の趣旨は浸透していると言い難い。もっと投資をしてほしい，というのは中央アジア諸国が日本側にしばしば要請することであるが，どのような条件を整えれば日本の投資を誘致できるのかを，日本企業の事情に立ち入って真剣に検討している形跡は乏しい。そもそも中央アジア諸国では，外国の政治経済の調査研究が重視されていない。ソ連の東洋学・東洋趣味の伝統を引き継いで，エキゾティックな文化としての日本語・日本文化への関心は高くても，日本の政治経済を深く知る人は，学界・官界を通じてほとんど見当たらない。日本側も，中央アジアを含め外国に対する広報文化活動では，どうしても生花や茶道のような伝統文化に頼りがちだが，日本の現代社会に対する深い理解を広める方法をさらに考えていく必要がある。

　さて，諸外国の中央アジア外交は，日本よりも成果を挙げていると言えるのだろうか。欧米や中国，ロシアの外交への評価は，本書の執筆者の間でも若干分かれるところである。中央アジアの国際関係を語る時にロシア・中国・米国が常に話題になるのは，一面ではその外交の成果やプレゼンスの高さを示すものであるが，他面では，これらの国同士や現地諸国との間に利害の不一致があり，その存在を快く思わない勢力が中央アジアの内外にいて，米中ロの行動が毀誉褒貶と論争を巻き起こすからである。日本は，中央アジアで話題になることは米中ロより少ないにしても，ネガティヴな評判が立つことは稀である。下手に米中ロと「目立ち方」を競うよりも，既に日本が得ている評価・評判を損なうことなく，中央アジア諸国との関係を強化する方法を考えるべきだろう。

　最後に述べておきたいのは，外交を進めるうえで，一般社会の関心が持つ意味の重要性である。日本人にカザフスタンやウズベキスタンと言うと，アフガニスタンやパキスタンと混同されて危険視される，というのは中央アジアからの留学生がよく口にする嘆きであるが，ソ連崩壊当時と比べれば日本人の中央アジア認識も深まってきたとはいえ，まだまだ関心は薄い。外交官の活動という狭い意味での外交は，必ずしも世論の後押しがなくてもできる

ものだが，外交の裾野を広げるという意味で市民の活動は不可欠である。文化・学術交流や相互理解のために活躍する人々はいるが(例えば，各国のテレビに出演して流暢な現地語を話す日本人留学生たちは，現地での賞賛の的である)，いかんせん数が少ないし，NGOもセミパラチンスク支援など限られた分野でしか進出していない。端的に言えば，街中で日本人を見かける機会が少ないことこそが，日本の存在感を薄くしている大きな要因なのである。外交を政府だけに任せるのではなく，国民が外への関心を広げ，実地に活動することが「外交力」強化の不可欠な条件であることを強調して，筆を置きたい。

宇 山 智 彦

注
1) ODAの受け入れ側の態勢の問題点については以下も参照。河東哲夫「日本のODA：その現状と問題点(中央アジアの場合)」〈http://www.akiokawato.com/ja/cat3/post_69.php〉；同「日本外交の資産としてのODA」〈http://www.akiokawato.com/ja/cat3/cat14/cat9/post_30.php〉。
2) カザフスタンに対する日本の投資額は，2000年には1810万米ドルに過ぎなかったが，2007年には4億530万米ドルと飛躍的に伸びている(Valovyi pritok inostrannykh investitsii v Respubliku Kazakhstan po stranam〈http://www.nationalbank.kz/cont/publish116334_4624.xls〉)。ただしその多くは油田探査関係と見られ，また他の主要国の投資額も総じて伸びていることから，現地では日本の経済的プレゼンスが大きく増したという認識は見られない。むしろ，投資額としては日本より少なくても，サービス業・建設業・商業などで一般市民の目に見える活動をしているトルコや韓国のほうが，依然として存在感を持っているようである。
3) 角﨑利夫『カザフスタン：草原と資源と豊かな歴史の国』早稲田出版，2007年，136-138頁。
4) 廣瀬論文(第1章)参照。覚書の一つは，「日本国経済産業省とカザフスタン共和国産業貿易省との貿易投資拡大のための協力に関する覚書」である〈http://www.meti.go.jp/policy/trade_policy/rus_nis/nis/images/080717J_KZmemo(JP).pdf〉。本書では十分触れられなかったが，近年，経済産業省が中央アジアへの関与に積極的になっていることは特筆に値する。
5) 中央アジア諸国の政治体制の基本的な性格づけについては以下を参照。宇山智彦「政治制度と政治体制：大統領制と権威主義」岩﨑一郎，宇山智彦，小松久男編著『現代中央アジア論：変貌する政治・経済の深層』日本評論社，2004年，53-79頁。

日本・中央アジア関係年表

1880	外交官西徳次郎，中央アジア各地を旅行。
1886	西徳次郎著『中亜細亜記事』刊行。
1895-97	陸軍大佐福島安正，中央アジア・西南アジア各地を旅行。
1904-05	日露戦争。中央アジア人の一部は日本の勝利を歓迎。
1909	タタール人のアブデュルレシト・イブラヒムが日本訪問，イスラーム世界と日本の連帯を目指して日本の要人と親交。
1917	二月革命で帝政ロシア崩壊。十月革命でソヴィエト政権樹立。
1936-38	スターリン大粛清。中央アジアの政治家・知識人の一部は「日本のスパイ」という虚偽の罪状で逮捕・処刑される。
1937	ロシア極東に住む朝鮮人17万2000人が，日本に協力する潜在的可能性を疑われ，中央アジアに強制移住させられる。
1941	帝国鉄道協会，新疆からアフガニスタンに抜ける中央亜細亜横断鉄道の建設計画を発表。
1945	ソ連が日本に宣戦布告，中央アジア出身の将兵も参加。 日本，連合国に降伏。60万人以上の日本人がソ連に抑留，うちカザフスタンに約6万人，ウズベキスタンに約2万5000人。
1970年代前後	川端康成，大江健三郎らの小説や，黒澤明らの映画などを通して，中央アジアを含むソ連で日本文化への関心高まる。
1986	カザフスタンのアルマトゥで，共産党第一書記の人事に抗議する市民がデモ。以後，日本で中央アジアの民族問題への関心高まる。
1991	8月にクルグズスタンとウズベキスタン，9月にタジキスタン，10月にトルクメニスタン，12月にカザフスタンが独立宣言。 12月，CIS（独立国家共同体）結成，ソ連崩壊。 同月，日本が中央アジア諸国を国家承認。
1992	日本，1月にウズベキスタン，カザフスタン，クルグズスタン，タジキスタンと，4月にトルクメニスタンと外交関係を開設。 4-5月，渡辺美智雄副総理兼外相がクルグズスタンとカザフスタンを訪問。 5月，タジキスタン内戦開始。
1993	1月，日本の努力により中央アジア諸国がDAC途上国リスト（OECDが定める援助対象国リスト）に記載。 同月，カザフスタンとウズベキスタンに日本大使館開館。 4月，アカエフ・クルグズスタン大統領が初訪日。 同月，外務省欧亜局新独立国家(NIS)室〔現・欧州局中央アジア・コーカサス

　　　　室]開設。
　　　　12月，日本カザフスタン経済委員会・カザフスタン日本経済委員会設立。のち，日本とトルクメニスタン，ウズベキスタン，クルグズスタン(2005年休会)の間でも二国間経済委員会設立。
1994　　3月，日本がカザフスタンと非核化協力協定に署名，旧セミパラチンスク核実験場周辺の放射能汚染対策などに協力開始。
　　　　4月，ナザルバエフ・カザフスタン大統領が初訪日。
　　　　5月，カリモフ・ウズベキスタン大統領が初訪日。
1995　　5月，クルグズスタンに日本センター開設(のち，カザフスタンとウズベキスタンにも開設)。
　　　　12月，日・カザフスタン租税条約が失効(前年11月のカザフスタン側通告による)，両国間経済関係・投資の支障に。
1996　　2月，在日ウズベキスタン大使館および在日カザフスタン大使館開館。
　　　　3月，伊藤忠石油開発がアゼルバイジャンのアゼリ・チラグ・ギュネシリ油田の権益獲得開始。以後，日本企業のカスピ海資源開発への参加進む。
　　　　4月，中国，ロシア，カザフスタン，クルグズスタン，タジキスタンが「上海ファイブ」を形成。
1997　　6月，タジキスタン政府と反対派が和平協定，内戦終結。
　　　　6-7月，対ロシア・中央アジア対話ミッション(団長：小渕恵三衆議院議員)がロシア，トルクメニスタン，クルグズスタン，カザフスタン，ウズベキスタンを訪問。
　　　　7月，橋本龍太郎首相が経済同友会で「ユーラシア外交」演説を行い，対「シルクロード地域」外交の基本方針を示す。
1998　　7月，秋野豊・元筑波大学助教授を含む国連タジキスタン監視団員4人が殺害される。
　　　　8月，国際石油開発(INPEX)がカザフスタンのカシャガン油田開発に参加。
1999　　8月，日本人4人・クルグズ人3人がウズベキスタン・イスラーム運動ゲリラによってクルグズスタン領内で拉致される(バトケン事件)。
2001　　5月，東京でタジキスタン支援国会合，ラフモノフ・タジキスタン大統領が初訪日。
　　　　6月，上海ファイブが上海協力機構に改組，ウズベキスタン加盟。
　　　　9月，米国で同時多発テロ(9.11事件)。
　　　　10-12月，米軍などがアフガニスタン空爆，タリバン政権崩壊。
2002　　1月，東京でアフガニスタン復興支援会議開催。
　　　　同月，タジキスタンに日本大使館開館。
　　　　7月，シルクロード・エネルギー・ミッション(団長：杉浦正健外務副大臣)がカザフスタン，ウズベキスタン，アゼルバイジャン，トルクメニスタンを訪問。
2003　　1月，クルグズスタンに日本大使館開館。

2004	4月，在日クルグズスタン大使館開館。
	8月，川口順子外相がウズベキスタン，カザフスタン，タジキスタン，クルグズスタンを訪問，「中央アジア＋日本」対話を提唱し，アスタナで第1回外相会合。
2005	1月，トルクメニスタンに日本大使館開館。
	3月，クルグズスタンのアカエフ政権が反対派・市民の集会の圧力で崩壊（チューリップ革命）。
	5月，ウズベキスタンのアンディジャンでイスラーム主義者・市民の集会と治安部隊が衝突。
	6月，上海協力機構アスタナ・サミット，加盟国への米軍駐留の期限を設けることを要求。
2006	6月，麻生太郎外相が日本記者クラブで演説「中央アジアを『平和と安定の回廊』に」。
	同月，東京で「中央アジア＋日本」対話第2回外相会合。
	8月，小泉純一郎首相がカザフスタンとウズベキスタンを訪問。
	11月，麻生太郎外相が日本国際問題研究所で演説「『自由と繁栄の弧』をつくる」。
2007	4月，甘利明経産相がウズベキスタンとカザフスタンを訪問，ウラン開発などに関する合意文書に署名。
	11月，バキエフ・クルグズスタン大統領が訪日。
	同月，在日タジキスタン大使館開館。
2008	6月，ナザルバエフ・カザフスタン大統領が訪日，租税条約締結に向け基本合意。
	8月，日・ウズベキスタン投資協定署名。
	12月，日・カザフスタン租税条約署名。

索　引

【あ行】

アカエフ，アスカル　8, 82, 83, 94, 135, 140, 143
秋野豊　11, 27
アザデガン油田開発　157, 160, 161
アジア開発銀行　6, 13, 42, 46, 54, 137
アジア主義　78, 81, 88, 89, 91, 93
アジア・バロメーター・プロジェクト　98, 109
アスタナ　116, 127
アゼリ・チラグ・ギュネシリ(ACG)プロジェクト　157
麻生太郎　17, 36, 45, 47, 48, 56, 58-60, 62, 64-66, 69, 70, 72, 87-89, 91, 95, 184
アフガニスタン　28, 58, 61, 66-70, 126, 129
アブハジア　130
アフマディネジャド，マフムド　117
安倍晋三　48, 55, 58-63, 65, 70, 95
アーミテージ，リチャード　60
阿拉山口　126
アリエフ，イルハム　160
アンディジャン事件　iii, 13, 16, 31, 86, 116, 127, 184
石破茂　68
イスラエル　117
イラク　61, 63
イラン　117, 127
イルケシュタム峠　126
インド　59, 60-62, 66, 67, 122, 128
インフラ　6, 11, 43-45, 49, 96, 137, 139, 168, 169, 171-175, 177, 182
ヴァジパイ，アタル　61
ウズベキスタン・イスラーム運動　11, 117, 145, 170
エネルギー・ミッション　28
エリツィン，ボリス　123
円借款　6, 8, 9, 12, 27

エンフバヤル，ナンバリーン　117
欧州安全保障協力機構　→ OSCE
欧州復興開発銀行　6, 13, 42
小沢一郎　68
オーストラリア　58, 60-62, 66, 67
小渕恵三　26, 103

【か行】

カー，エドワード・H.　55
外務省新独立国家室　iv, 3, 4, 95
外務省中央アジア・コーカサス室　vi, 21, 95
拡大東アジア　iv, 90, 96, 184
カシャガン油田　15, 157
カスピ海　7, 9, 14, 15, 43, 84, 85, 93
「価値の外交」　55, 56, 61, 67, 68, 70
カラー革命　88
カリモフ，イスラム　8, 9, 14, 16, 83, 116
川口順子　30, 86, 95
韓国　30, 35, 64, 109, 145, 146, 171, 173-177
技術協力　4, 6, 12, 20, 27, 92, 153
北大西洋条約機構　→ NATO
北大西洋理事会　→ NAC
機能主義　iv, 100
9.11事件　iii, 28, 45, 58, 85, 116
極東　123
グルジア　67, 69, 130
グレートゲーム　16, 33, 37, 47, 51, 87, 90
「グローバル・パートナーシップ」構想　58, 60, 66
権威主義　16, 88, 144, 184
小泉純一郎　10, 35, 48, 50, 58, 64, 159, 175
江沢民　123, 125
合同演習　118, 125
高村正彦　27, 66
公明党　68
胡錦濤　123
国際協力機構　→ JICA
国際治安支援部隊(ISAF)　58, 66, 68

国際通貨基金　→ IMF
国際平和協力に関する一般法　68
国連安全保障理事会　53
ゴルノ・バダフシャン　125
ゴルバチョフ，ミハイル　121, 122

【さ行】

佐瀬昌盛　70
サファエフ，サディク　30
サルコジ，ニコラ　66
サルシルデ　124
自衛隊　57, 58, 67, 68
シャガン・オバ　124
上海協力機構（SCO）　iii, v, 17-19, 30, 40, 44, 48, 54, 115, 118, 121, 125, 126, 129, 137-140, 143, 144, 167, 168, 174, 177, 183, 184
上海ファイブ　44, 48, 54, 121, 124
宗教的極端主義　122
集団安全保障条約機構（CSTO）　53, 118
「自由と繁栄の弧」（「弧」）　iv, 36, 48, 54-56, 59, 61, 63-66, 69, 70, 87-89, 96, 116, 184
「主張する外交」　59, 62
シルクロード外交　ii, 3, 5, 9, 10, 16, 20, 21, 26, 40, 43, 44, 46, 51, 82, 135
シン，マンモハン　61
シンガポール　62
新疆ウイグル　125, 126
親日　iv, 82-85, 89, 91, 94
杉浦正健　28
政府開発援助　→ ODA
石油公団（JNOC）　7, 42, 152
全方位外交　80, 94
戦略的パートナーシップ　29, 126
ソラーナ，ハヴィエル　58

【た行】

ダイアログ・パートナー　119, 130
多極化　115
多国間主義　56
タリバン　iii, 45
地域主義　51
地域復興チーム（PRT）　58, 68
地政学　iv, 5, 50, 85, 90, 91, 95, 96, 138, 182
中央アジア協力機構　30, 53

中央アジア大使会議　30
「中央アジア＋日本」対話　iii, iv, 10, 16-18, 30, 35, 40, 46, 47, 51, 53, 64-66, 86, 87, 102-104, 135, 136, 138, 140, 147, 160, 175, 183
中国石油天然ガス集団公司　7, 42
中ソ国境　121
中ソ和解　121
中ロ国境問題　122
チューリップ革命　iii
デ・ホープ・スケッフェル，ヤープ　58, 68
テロ　ii, iii, 16, 22, 45, 46, 49, 53, 122
テロ対策特別措置法　67
ドイツ　118
鄧小平　122
東南アジア諸国連合　→ ASEAN
独立国家共同体　→ CIS

【な行】

ナイ，ジョゼフ　60
ナザルバエフ，ヌルスルタン　8, 9, 14, 19, 96, 160
日米同盟　78, 87-89
日本国際協力銀行（JBIC）　14, 15
日本センター　4, 8, 12, 140-142, 145, 147
ニヤゾフ，サパルムラト　96
人間の安全保障　12, 13

【は行】

パイプライン　41, 42, 172, 174
バウチャー，リチャード　73
バキエフ，クルマンベク　14, 135, 136, 143, 144, 146
パキスタン　117, 122, 129
バクー・トビリシ・ジェイハン・パイプライン（BTCパイプライン）　15, 157
橋本龍太郎　ii, 3, 10, 26, 39, 43, 44, 46, 56, 82, 95, 184
ハタミ，モハンマド　117
パミール　124, 126
ハワード，ジョン　61, 67
非核化協力　13
非軍事ゾーン　121
フィッツギボン，ジョエル　67
フィフティ・フィフティ　122

福田康夫　　55, 66, 69, 70, 72, 135
プーチン，ヴラジーミル　　123
フランス　　58, 66, 67
分離主義　　122
米軍　　116, 127
補給支援特措法　　67, 68
北東アジア　　116
北方領土　　41, 82

【ま行】

孫崎享　　83, 84
町村信孝　　48, 65
ミサイル防衛システム　　119
南アジア　　115, 116, 129
南アジア地域協力連合（SAARC）　　65, 119
南オセチア　　67, 130
民主化　　5, 7, 16, 83, 84, 87-89, 92, 171, 184, 185
民主主義　　48, 51, 83, 84, 87-89, 146, 185
民主的選択共同体（CDC）　　65
民主党　　67-70
ムシャッラフ，ペルヴェズ　　117
無償援助　　9, 17, 27
森喜朗　　61, 72
モンゴル　　117, 122, 128

【や行】

薮中三十二　　65
ユーラシア外交　　ii, iii, 10, 26, 39, 40, 43, 52, 57, 70, 82, 118, 184

ユーラシア経済共同体　　19, 53, 100, 103
抑留　　9, 41, 52
吉田ドクトリン　　69, 70

【ら行】

ラッド，ケヴィン　　67
ラフモノフ，エモマリ　　125
冷戦　　i, 79, 80, 88
6カ国協議　　119

【わ行】

渡邊幸治　　43, 140
渡辺美智雄　　4, 42

【アルファベット順】

ASEAN　　55, 63, 64, 80, 86, 119, 168
CIS　　53, 97, 127, 137, 142, 144
DAC途上国リスト　　6, 21
EU　　34, 118
G8サミット　　119
GUAM　　53, 65, 66
「GUAM＋日本」会合　　65, 66
GUUAM　　127
IMF　　7, 83, 86
JICA　　11, 54, 137, 138, 142, 143, 145, 147
NAC　　56-58
NATO　　iv, 41, 54, 57-60, 66-69
ODA　　5, 6, 10, 12, 15, 17, 20, 21, 27, 45, 46, 63, 64, 85, 92, 96, 138, 182, 186, 187
OSCE　　53

執筆者紹介

[編　者]

宇山智彦(うやま ともひこ)

　北海道大学スラブ研究センター教授。中央アジア近代史・現代政治専攻。

　1967年生まれ。1994～95年在カザフスタン日本大使館専門調査員，1995～96年カザフスタン科学アカデミー東洋学研究所客員研究員。1996年東京大学大学院総合文化研究科博士課程中退。同年北海道大学スラブ研究センター助教授，2006年から現職。

　著書に『中央アジアの歴史と現在』(東洋書店，2000年，単著)，『中央アジアを知るための60章』(明石書店，2003年，編著)，『現代中央アジア論』(日本評論社，2004年，共編)，『中央ユーラシアを知る事典』(平凡社，2005年，共編)，*Empire, Islam, and Politics in Central Eurasia*(Sapporo: SRC, 2007，編著)，『講座スラブ・ユーラシア学2 地域認識論』(講談社，2008年，編著)など。

クリストファー・レン(Christopher Len)

　安全保障開発政策研究所(スウェーデン)プロジェクト・コーディネーター，*China and Eurasia Forum Quarterly*誌(中央アジア・コーカサス研究所／シルクロード研究プログラム発行)副編集長。中央アジア・東アジア安全保障・開発研究専攻。

　シンガポール出身。2001年エジンバラ大学で哲学・政治学修士号取得。

　共著書に *Burma/Myanmar's Ailments: Searching for the Right Remedy*(Washington, D.C. and Uppsala: CACI & SRSP, 2007)，論文に "Energy Security Cooperation in Asia: An ASEAN-SCO Energy Partnership?" in Mark Hong and Teo Kah Beng, eds., *Energy Perspectives on Singapore and the Region*(Singapore: ISEAS, 2007)など。

廣瀬徹也(ひろせ てつや)

　アジア・太平洋国会議員連合(APPU)中央事務局事務総長，民間外交推進協会日・中東・文化経済委員，日本・ウラジオストク協会名誉会長，日本・トルコ交流協会理事，國學院大学法学部兼任講師。

　1939年生まれ。大阪外国語大学短期大学部，京都府立大学卒。1963年外務省入省，トルコにて語学研修。以降トルコ(3度計11年)，イスラエル，米国，カナダおよび本省にて勤務。1993年4月～96年1月外務省欧亜局新独立国家室長，1996年2月～2000年3月在ウラジオストク総領事，2000年5月～02年6月駐アゼルバイジャン大使(2000年10月よりグルジアも兼任)，2002年7月外務省退官。

　著書に『テュルク族の世界：シベリアからイスタンブールまで』(東洋書店，2007年)。

[編者以外の執筆者(執筆順)]

河東哲夫(かわとう あきお)

Japan-World Trends(日英中露語による国際ブログ)代表，東京財団主任研究員，早稲田大学客員教授。

1947年生まれ。東京大学教養学科卒，ハーバード大学修士。1970年外務省入省，ドイツ，ソ連(ロシア)，スウェーデン，米国に勤務。東欧課長，文化交流部審議官，在ボストン総領事，在ロシア大使館公使，在ウズベキスタン・タジキスタン大使(2002～04年)を歴任。

著書に『外交官の仕事』(草思社，2005年)，『意味が解体する世界へ』(同，2004年)，熊野洋の筆名で小説『遥かなる大地』(草思社，2002年)，嵯峨列の筆名で『ソ連社会は変わるか』(サイマル出版会，1988年)など。論文に"Japan's Strategic Thinking toward Central Asia," in Gilbert Rozman et al., eds., *Japanese Strategic Thought toward Asia* (New York: Palgrave Macmillan, 2007)など。

湯浅　剛(ゆあさ たけし)

防衛省防衛研究所主任研究官。比較政治学，安全保障論，旧ソ連地域研究専攻。

1968年生まれ。1996～97年在デンマーク日本大使館専門調査員，2000年防衛庁防衛研究所助手。2001年上智大学大学院外国語学研究科博士後期課程満期退学。2005年から現職。

共著(執筆分担)に『9.11事件以後のロシア外交の新展開』(松井弘明編，日本国際問題研究所，2003年)，『現代中央アジア論』(岩﨑一郎ほか編，日本評論社，2004年)，『アジアに接近するロシア』(木村汎ほか編，北海道大学出版会，2007年)，『ユーラシアの紛争と平和』(広瀬佳一ほか編，明石書店，2008年)など。

ティムール・ダダバエフ(Timur Dadabaev)

筑波大学大学院人文社会科学研究科准教授，東京大学人文社会研究科付属次世代人文学開発センター客員准教授。中央アジア国際関係専攻。

1975年タシケント(ウズベキスタン)生まれ。2001年立命館大学大学院国際関係研究科博士後期課程修了。2002～04年日本学術振興会外国人特別研究員，2004～06年東京大学東洋文化研究所助教授，2006年から現職。

著書に『社会主義後のウズベキスタン』(アジア経済研究所，2008年，単著)，『躍動するアジアの信念と価値観』(明石書店，2007年，共編)，『マハッラの実像：中央アジア社会の伝統と変容』(東京大学出版会，2006年，単著)，*Towards Post-Soviet Central Asian Regional Integration* (Tokyo: Akashi Shoten, 2004, 単著)など。

岩下明裕(いわした あきひろ)

北海道大学スラブ研究センター教授。ユーラシア国際関係専攻。

1962年生まれ。1987年九州大学法学部卒，1995年法学博士。山口県立大学国際文化学

部助教授などを経て 2003 年から現職。2007〜08 年ブルッキングス研究所客員研究員。
著書に『上海協力機構：日米欧とのパートナーシップは可能か』(北大スラブ研究センター，2007 年，編著)，『国境・誰がこの線を引いたのか：日本とユーラシア』(北海道大学出版会，2006 年，編著)，『北方領土問題：4 でも 0 でも，2 でもなく』(中公新書，2005 年，単著)，『中・ロ国境 4000 キロ』(角川書店，2003 年，単著)，『「ソビエト外交パラダイム」の研究』(国際書院，1999 年，単著)など。

エリカ・マラト(Erica Marat)

安全保障開発政策研究所研究員，中央アジア・コーカサス研究所／シルクロード研究プログラム研究員。中央アジア・旧ソ連諸国研究専攻。
ビシケク(クルグズスタン)出身。2005 年ブレーメン大学で政治学博士号取得。2006 年から現職。
著書に *The Military and the State in Central Asia* (London: Routledge, forthcoming)，*The State-Crime Nexus in Central Asia* (Washington, D.C. and Uppsala: CACI & SRSP, 2006)，*The Tulip Revolution: Kyrgyzstan One Year After* (Washington, D.C.: Jamestown Foundation, 2006)など。

嶋尾孔仁子(しまお くにこ)

国際関係学，中東地域研究，イラン現代政治専攻。
1973 年生まれ。1999 年大阪外国語大学大学院博士前期課程修了。1999〜2001 年在イラン日本国大使館専門調査員，2002〜04 年外務省国際情報局分析第二課専門分析員，2002〜04 年東京外国語大学アジア・アフリカ言語文化研究所共同研究員。2007 年ヨーク・セント・ジョン大学大学院修士課程修了。
論文に「イランの中央政治機構に関する動態的分析」(『中東研究』479 号，2003 年)など。

ニクラス・スワンストローム(Niklas Swanström)

安全保障開発政策研究所所長。*China and Eurasia Forum Quarterly* 誌編集長。東アジア・中央アジア紛争予防・地域協力研究専攻。
スウェーデン出身。2002 年ウプサラ大学で平和・紛争学博士号取得。北京大学などに留学。
編著書に *Asia 2018-2028: Development Scenarios* (Stockholm: ISDP, 2008)，*Sino-Japanese Relations: The Need for Conflict Prevention and Management* (Newcastle upon Tyne: Cambridge Scholars Publishing, 2008，共編)，*Conflict Prevention and Conflict Management in Northeast Asia* (Washington, D.C. and Uppsala: CACI & SRSP, 2005)など。

［訳　　者］

須田　将(すだ まさる)

北海道大学大学院文学研究科博士後期課程。中央アジア地域研究・現代政治史専攻。

1975年生まれ。論文に「『市民』たちの管理と自発的服従：ウズベキスタンのマハッラ」(『国際政治』138号，2004年)など。

秋山　　徹(あきやま　てつ)
北海道大学大学院文学研究科博士後期課程。近代中央アジア史専攻。
1979年生まれ。論文に「20世紀初頭のクルグズ部族首領権力に関する一考察：シャブダン・ジャンタイの葬送儀式の分析を手がかりとして」(『内陸アジア史研究』掲載予定)など。

立花　　優(たちばな　ゆう)
北海道大学大学院文学研究科博士後期課程。政治学，アゼルバイジャン現代政治専攻。
1979年生まれ。論文に「新アゼルバイジャン党と政治体制」(『アジア経済』49巻7号，2008年)など。

北海道大学スラブ研究センター
スラブ・ユーラシア叢書 6

日本の中央アジア外交――試される地域戦略

2009 年 3 月 31 日　第 1 刷発行

編著者　　　宇　山　智　彦
　　　　　　クリストファー・レン
　　　　　　廣　瀬　徹　也

発行者　　吉　田　克　己

発行所　北海道大学出版会
札幌市北区北 9 条西 8 丁目北大構内（〒 060-0809）
tel. 011（747）2308・fax. 011（736）8605・http://www.hup.gr.jp/

㈱アイワード　　　　　　Ⓒ2009　北海道大学スラブ研究センター

ISBN 978-4-8329-6710-6

スラブ・ユーラシア叢書について

「スラブ・ユーラシア世界」という言葉は少し耳慣れないかも知れません。旧ソ連・東欧地域と言えば、ああそうかと頷かれることでしょう。旧ソ連・東欧というと、どうしても社会主義と結びつけて考えたくなります。たしかに、二〇世紀において、この広大な地域の運命を決定したのはソ連社会主義でした。しかし、冷戦が終わり、社会主義がこの地域から退場した今、そこにはさまざまな新しい国や地域が生まれました。しかも、EU 拡大やイスラーム復興のような隣接地域からの影響がスラブ・ユーラシア世界における地域形成の原動力となったり、スラブ・ユーラシア世界のボーダーそのものが曖昧になっている場合もあるのです。たとえば、バルト三国などという地域名称は冷戦の終了後急速にすたれ、その一部は北欧に吸収されつつあります。こんにちの南コーカサスの情勢は、イランやトルコの動向を無視しては語れません。このようなボーダーレス化は、スラブ・ユーラシア世界の東隣に位置する日本にとっても無縁なことではありません。望むと望まざるとにかかわらず、日本は、ロシア極東、中国、朝鮮半島とともに、新しい地域形成に関与せざるを得ないのです。

以上のような問題意識から、北海道大学スラブ研究センターは、平成一八年度より、研究成果を幅広い市民の皆さんと分かちあうために本叢書の刊行を始めました。今後ともお届けする叢書の一冊一冊は、スラブ・ユーラシア世界の内、外、そして境界線上で起こっている変容にさまざまな角度から光を当ててゆきます。

北海道大学スラブ研究センター

〈北海道大学スラブ研究センター スラブ・ユーラシア叢書1〉
国境・誰がこの線を引いたのか　　　岩下明裕 編著　　A5・210頁
　　―日本とユーラシア―　　　　　　　　　　　　　　　　定価1600円

〈北海道大学スラブ研究センター スラブ・ユーラシア叢書2〉
創像都市ペテルブルグ　　　　　　　望月哲男 編著　　A5・284頁
　　―歴史・科学・文化―　　　　　　　　　　　　　　　　定価2800円

〈北海道大学スラブ研究センター スラブ・ユーラシア叢書3〉
石油・ガスとロシア経済　　　　　　田畑伸一郎 編著　A5・308頁
　　　　　　　　　　　　　　　　　　　　　　　　　　　　定価2800円

〈北海道大学スラブ研究センター スラブ・ユーラシア叢書4〉
近代東北アジアの誕生　　　　　　　左近幸村 編著　　A5・400頁
　　―跨境史への試み―　　　　　　　　　　　　　　　　　定価3200円

〈北海道大学スラブ研究センター スラブ・ユーラシア叢書5〉
多様性と可能性のコーカサス　　　　前田弘毅 編著　　A5・246頁
　　―民族紛争を超えて―　　　　　　　　　　　　　　　　定価2800円

〈北海道大学スラブ研究センター スラブ・ユーラシア叢書6〉
日本の中央アジア外交　　　　　　　宇山智彦 外編著　A5・220頁
　　―試される地域戦略―　　　　　　　　　　　　　　　　定価1800円

〈価格は消費税を含まず〉

──── 北海道大学出版会 ────

アジアに接近するロシア ―その実態と意味―	木村　汎 袴田茂樹 編著	A5・336頁 定価3200円
政治学のエッセンシャルズ ―視点と争点―	辻　康夫 松浦正孝 編著 宮本太郎	A5・274頁 定価2400円
北樺太石油コンセッション 1925-1944	村上　隆 著	A5・458頁 定価8500円
サハリン大陸棚石油・ ガス開発と環境保全	村上　隆 編著	B5・448頁 定価16000円
ロシア革命と東方辺境地域 ―「帝国」秩序からの自立を求めて―	西山克典 著	A5・484頁 定価7200円
ロシア帝国民族統合史の研究 ―植民政策とバシキール人―	豊川浩一 著	A5・582頁 定価9500円
身体の国民化 ―多極化するチェコ社会と体操運動―	福田　宏 著	A5・272頁 定価4600円
ティムール帝国支配層の研究	川口琢司 著	A5・412頁 定価7200円

〈価格は消費税を含まず〉

──── 北海道大学出版会 ────

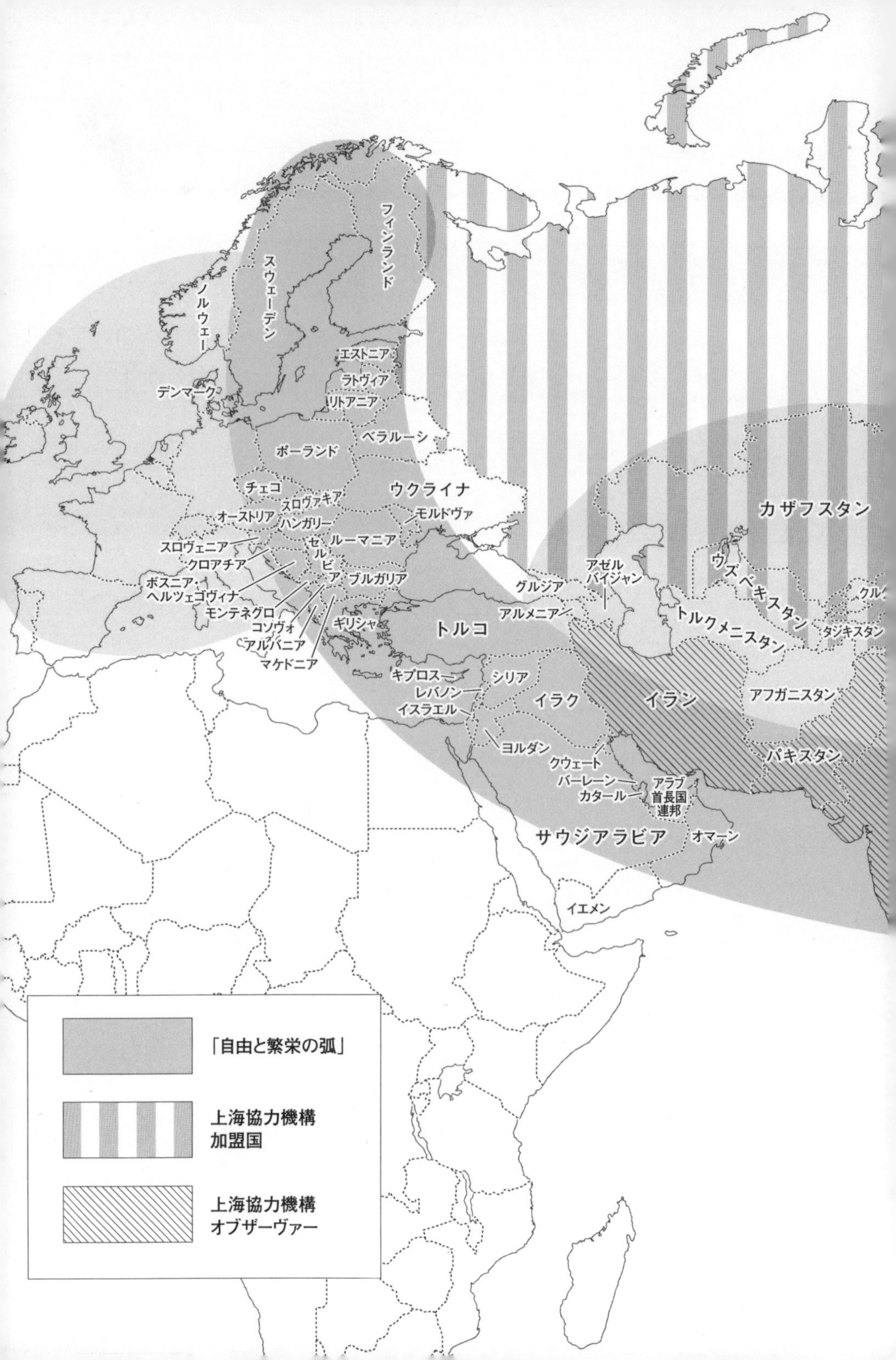

フィンランド
スウェーデン
ノルウェー
デンマーク
エストニア
ラトヴィア
リトアニア
ベラルーシ
ポーランド
チェコ
ウクライナ
スロヴァキア
オーストリア
モルドヴァ
ハンガリー
スロヴェニア
セルビア
ルーマニア
クロアチア
ボスニア・ヘルツェゴヴィナ
ブルガリア
モンテネグロ
コソヴォ
アルバニア
マケドニア
ギリシャ
トルコ
グルジア
アゼルバイジャン
アルメニア
カザフスタン
ウズベキスタン
クル
トルクメニスタン
タジキスタン
キプロス
シリア
レバノン
イスラエル
イラク
イラン
アフガニスタン
ヨルダン
クウェート
パキスタン
バーレーン
カタール
アラブ首長国連邦
サウジアラビア
オマーン
イエメン
「自由と繁栄の弧」
上海協力機構
加盟国
上海協力機構
オブザーヴァー